內向者 逆襲

── I人 的自信溝通策略 ──

邏輯溝通公式、應對壞嘴同事、下班找到愛情的黃金 8 小時……

先做性格測試
從職場到情場！
再談是否改變特質

服社交焦慮 × 提升臨場表達力 × 避免成為
破內向框架，建立無懼的溝通自信！

從自我認知到 ──▶
社交高手的轉變之路

自信與能量是溝通燃料；
溝通方法與經驗是社交發動機；
幽默與高情商是關係潤滑劑，
而你自己就是司機！

建立自信、管理社交焦慮到職場溝通和情感關係建立
本書讓你保持真實性格的同時發展出外向者的社交優勢

目錄

第四章
內向者如何在職場受歡迎

前言

開宗明義，絕大部分有關內向者的書籍都提倡不用改變性格，就能發揮內向者的優勢；而我卻提倡，內向者不但可以改變性格，而且可以兼具內向與外向的雙重優勢。

現階段，「內向者是否要改變性格」這一主流觀點認為：內向者要接受自己的性格，不用刻意使自己看起來外向，讓自己發揮內向者的優勢就好。部分觀點還會以偏概全地認為，內向者並不是不擅長與人交流，而是不喜歡。

我的觀點是：內向者只要有強烈的改變意願，再施以科學有效的訓練，就可以嘗試改變性格，或者稱之為改變人際交往時的狀態，最終有望達到內外向優勢兼具的狀態：平常依然是個安靜的內向者，在需要進行溝通社交時，也能像外向者那樣應付自如。

主流觀點的最大問題就在於，其忽略了內向者也存在外向的一面，雖有不擅長交往的情況，但同時也有強烈想進行人際交往的意願。有時並非是內向者不喜歡社交溝通，而是不能夠做到自如交流，久而久之便產生了嚴重的挫敗感，這導致他們愈加不敢與人社交，進而形成惡性循環。於是得出一個極端觀點，認為：只要是內向者，就不用勉強自己改變性格，做自己就好。

內向者有「先天」與「後天」之分；人際交往能力有「擅長」與「不擅長」之分；改變性格意願有「不想改變」與「發自內心想改變」之分。既然存在多種可能性，那主流觀點就不是絕對的真理，就有待商榷。要給那些希望改變的內向者提供另外的選擇。如果你身為內向者，同時又擅長社交溝通，你也不會看到本書，所以這本書針對的是「想要改變的內向者」。

本書不會講述過多複雜難懂的心理學理論，開篇會在前兩個章節幫助你了解內向形成的原因、類型，以及進行改變所需要的學習方法。後面章節則是幫助改變你內向狀態的具體方法，以及提高溝通社交能力的方法與技巧。我希望本書能成為一本關於如何改變內向者溝通能力的最實用的書。

本書邏輯結構非常簡單，包括以下三方面的內容。

1. 為什麼？── 內向的原因。
2. 是什麼？── 內向者調整思維、讓自己變得更好的方法。
3. 如何做？── 教你建立溝通自信，提升社交能力，在職場情商上如魚得水。

無論你是先天內向者還是後天內向者，只要你有強烈的改變意願，同時願意付出代價學習，你就可以改變你性格的狀態，改變你的人際交往能力。在我接觸到的案例中，後天

內向且有強烈改變意願的人，相對更容易改變；先天內向且有改變意願的人，則需要付出的時間可能會更多一些。

我不是強迫你改變成外向型人格，或是偽裝成外向者，就像我知道你是左撇子，絕對不會像不懂科學的父母那樣，強行讓你改成右撇子。我完全是基於你自願，並且在認可我改變方法的基礎之上。我絕對不逼迫你一定要改變，選擇權在你手裡。如果你沒有改變的意願，那也不需要看本書，只需要遵循常規內向者書籍的理論，發揮內向者的優勢即可，不用改變性格。

本書不再討論內向與外向的差異對比，也不再強調內向有多麼大的優勢，已有大量的書籍有過這方面的論述，不再贅述。

總之，改變雖然存在難度，但改變也存在可能性，就看你是否願意付出足夠多的代價，就像賺錢難，賺大錢更難，但你想不想賺錢，想不想賺大錢呢？大部分人肯定都會想。

自信與能量是溝通燃料；溝通方法與經驗是社交發動機；幽默與高情商是關係潤滑劑；你自己就是司機。

如果性格改變可以讓你過得更開心，讓你的生活更美好，而且已經被驗證是可行的，為什麼不嘗試一下呢？

現在大家都忙，但大家又普遍很焦慮。中產過度焦慮，底層放棄焦慮。即使是很多抱著想要學習的想法的朋友，其

實也是知識焦慮的結果。很多人買了書，買了課，但都屯著，直到下一次焦慮的崩潰。

為了避免本書被你購買之後就被丟到角落裡等著發霉，我提前給你一條錦囊妙計：只要 30 分鐘，就可以大致掌握我的書籍框架、內容以及重點技巧，接著，你馬上就去嘗試一下，體驗一下書裡的一學即會的妙招。當你用最少的時間、最低的成本就開始嘗到甜頭時，你就會產生持續改變的動力，就像溜冰一樣，往前稍稍滑動一點點時，物理慣性就會推動著你持續運動，然後越來越省力。

方法如下：

在閱讀本書前，建議你暫時封鎖所有干擾，手機靜音，關閉所有社交軟體，找個安靜的環境，設定 30 分鐘的鬧鐘，同時倒上一杯咖啡或其他飲料，拿著筆，方便劃重點。

然後按照以下三個步驟馬上操作。

1. 用 5 分鐘，快速瀏覽本書封面、封底、前言、序言和目錄等。

2. 用 10 分鐘，從頭到尾，快速翻閱本書各個章節裡的標題及簡述。

3. 用 15 分鐘，挑選你最感興趣的 1 至 3 個小節，快速閱讀。

如果你嘗試下來，感覺還可以，就用這個方法再看一次，然後挑選你喜歡的其他章節的內容進行閱讀。如果你還

不適應這個方法，感覺快不起來，也不要緊，多試驗幾次就會慢慢適應。

　　最後，千萬別對自己說「下次再看」，等下次就等於沒下次，任何改變的最好時機就是現在。

第一章
你確定是先天內向的人嗎

第一節
內向的原因

　　1869 年，遺傳決定論的創始人高爾頓（Francis Galton）出版了《遺傳的天賦》（*Hereditary Genius*）一書，他指出：一個人的能力，都是由遺傳得來的。外界環境只能造成、促進或延緩這一過程的作用，而不能改變這一過程。英國心理學家艾森克（Hans Eysenck）認為：60% ～ 70% 的天才由遺傳決定，30% 由環境決定。中國傳統觀念裡的「龍生龍，鳳生鳳，老鼠的兒子愛打洞」也深入人心，以致大眾一直都錯誤地認為，兒女會遺傳自己的大部分特質，兒女也會在這樣的影響下繼續錯誤地接受此觀點。遺傳決定論者片面強調遺傳對人的作用，嚴重忽視後天環境也會對人的成長產生影響的客觀事實。

　　所以，內向這個議題也有類似情況，社會大眾尤其是內向者自己，普遍有個錯誤的認知，認為內向都是天生的，在他們的觀念裡，只要是天生的就無法改變或非常難改變。但實際上，先天遺傳、後天環境與個人意志是形成性格的三大要素，遺傳基因只占一小部分，而且還不是決定性的因素，

三方面的綜合影響才是使人變得內向的原因，同時也是能改變內向性格的依據。

　有關內向與外向的差異對比、內向者的優勢等，已有大量的書籍討論過了，這裡不再贅述。本書只討論一個爭議已久的話題 —— 內向者要不要、能不能改變性格？我的答案是 —— 能。

　維基百科對性格的定義如下：

　性格是一個人對現實的穩定態度，以及與這種態度相應的、習慣化了的行為方式中表現出來的人格特徵。性格一經形成便比較穩定，但並非一成不變，而是具有可塑性的。性格不同於氣質，更多展現了人的社會屬性，個體之間人格差異的核心是性格的差異。

　內向屬於性格的一部分，是一種特徵狀態，這種狀態會隨著後天環境的變化而發生變化。由此看出：內向者可以改變，無論你是先天內向還是後天內向，只要你有強烈的改變意願，透過合理有效的方法加以訓練，是可以獲得性格上的改變的。更準確地說，不是改變性格，不是讓你從一個完全的內向者變成一個十足的外向者，更不是要求你偽裝成外向者，而是改變內向者面對人際交往時的狀態，即平常你依然可以安靜地做個內向者，舒服地待在自己的空間裡，但需要進行人際社交溝通時，也可以像外向者那樣應付自如，而不是畏懼逃避。

　　部分內向者社交溝通完全沒問題，內向不一定代表不善
社交，不一定不自信，所以這裡的內向者特指缺乏自信、不
擅長人際交往的內向者。很多內向者由於長期以來的內向性
格，導致社交溝通能力退化，加之其他的負面環境影響，漸
漸導致自己不夠自信，比如面對異性、領導權威人士，甚至
是一般的陌生人時。

一、知道內向原因的必要性

　　要想對自身做出有難度且複雜的改變，就需要大腦真正
理解事物的成因，然後才能最大化地產生改變。知其然，才
能知其所以然。你需要先知道一個改變你思維習慣的思維模
型 ── 黃金圈法則（見圖 1-1）。

為什麼

如何做

做什麼

圖 1-1 黃金圈法則

普通人遇到問題的行為模式順序是：先問「做什麼」「如何做」，他們從來不問「為什麼」，他們對根源性問題很模糊。一般的內向者，想改變，都是先問「做什麼」「如何做」。他們會得到各式各樣的建議，有時不同的建議會互相矛盾。所以，才導致了很多內向者非常糾結，不知道應該選哪種方法。這就是內向者沒有對自己的根源性問題進行探究的原因，也正因此才沒法做到對症下藥。於是就出現了以下兩種極端情況：

1. 逼自己偽裝成外向者，一開始還挺受歡迎，時間越久，內心越糾結，越覺得自己在扮演另一個人，內心很矛盾。

2. 毫無保留地聽信，只要是內向者就應該安安分分地做內向者，不要試圖改變性格，不用偽裝成外向者，發揮內向者的優勢即可。

但實際情況卻是，內向者改變的方向還有第三種可能性，後面的篇幅會詳細講解。

換成聰明人遇到問題，則是先問「為什麼」，再去建構「怎麼做」，而「做什麼」就是基於前兩者的結果，他們懂得先掌握事物的本質，這樣會事半功倍。聰明的內向者，會先去了解自己變成內向的原因（為什麼），不同的原因會對應不同的解決方法，並積極尋找和對比最適合他的方法（做什麼），最後才是進行改變的步驟（如何做）。大腦的生理結構剛好符合這樣的邏輯（見圖1-2）。

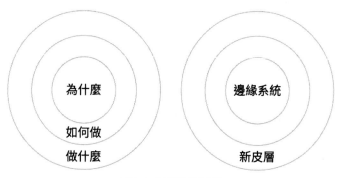

圖 1-2 大腦執行邏輯

「為什麼」這麼重要，因為它來自生物學。

如果你看過人類大腦的示意圖就會發現，從裡到外，黃金圈法則的三個邏輯層與大腦的三個皮層正好對應上。人類大腦最外部是新皮層，它對應的是「做什麼」，負責理性思維、分析和語言。中間的兩層叫做邊緣系統，負責情感，也負責人的決策過程，但它不具備語言能力。這也就是為什麼有時候我們喜歡一個人時，說不出原因，然後都用「有感覺」來含糊概括。

當我們由外到內進行思考時，先想「做什麼」。人可以明白複雜的資訊量，比如：具體做哪幾個步驟可以讓自己產生變化？但你選擇的這個「做什麼」不一定是正確的或最適合的。當我們先從內再到外進行思考時，我們是直接對控制大腦決策的區域進行溝通的，也就是想清楚了「為什麼」，你就會非常確定，自己到底要不要改變性格，到底要不要付出對應的代價。

　　而很多人就是沒想清楚自己是改變好，還是不改變好，看到勸說不用改變的觀點，加上自己此前又嘗試不成功，於是就順應了這個做法。而實際上，你只是被他說服或誤導了，但真的是一定適合你的嗎？

　　你是否有過類似情況，在偶然經歷過一些人、事情或者書籍之後，突然眼睛一亮，你發覺，之前沒想明白的事情，現在終於想通了，理解了，然後再做這件事就迎刃而解，有種「開悟」的感覺。而用黃金圈法則進行思考和解決問題，就是快速幫你「開悟」的方法。

　　總之，思維順序不同，你獲得的結果也會不同。

　　按照黃金圈法則的原理，你透過閱讀本書可以了解以下三點。

1. 為什麼？ ── 內向的原因。

2. 是什麼？ ── 內向者調整思維、讓自己變得更好的方法。

3. 如何做？ ── 教你建立溝通自信，提升社交能力，在職場情商上如魚得水。

　　下面就讓你從內到外、清楚明白地了解到底如何改變自己。

　　本章節就先從「為什麼」開始。

▌二、什麼是內向

內向這個概念最早是由瑞士心理學家榮格（Carl Gustav Jung）於 1920 年提出的。他把人的性格抽成八種：四種外向型，四種內向型。他認為沒有人是絕對的外向或內向，傾向與外部世界連繫緊密的是外向者，和自己內心世界連繫緊密的則屬於內向者。表 1-1 為八種人格類型。

表 1-1 八種人格類型

外傾	內傾
外傾思維型	內傾思維型
外傾情感型	內傾情感型
外傾感覺型	內傾感覺型
外傾直覺型	內傾直覺型

隨後，又有美國心理學家布里格斯和邁爾斯母女在榮格性格理論的基礎上，發展出邁爾斯 - 布里格斯類型指標（Myers-Briggs Type Indicator, MBTI）。

MBTI 將性格類型區抽成 16 種：8 種內向，8 種外向（見表 1-2）。根據 MBTI 可有效評估自己的性格類型，並能理解他人的性格行為習慣，以使自己在職場上能得到更好的發展。

表 1-2 MBTI 16 種性格類型

ISTJ 物流師	ISFJ 守衛者	INFJ 提倡者	INFP 調停者
ESTJ 總經理	ESFJ 執政官	ENFJ 主人公	ENFP 競選者
ISTP 鑑賞家	ISFP 探險家	INTJ 建築師	INTP 邏輯學家
ESTP 企業家	ESFP 表演者	ENTJ 指揮官	ENTP 辯論家

原籍德國的英國心理學家艾森克，也同時進行著內外向性格的研究。他從生物學的視角來解釋內向和外向之間存在的巨大差異，並提出假設，內向者的大腦比外向者更容易受到刺激。

艾森克以情緒不穩定性這個概念為變因，把人的性格抽成四類（見表 1-3）。

表 1-3 艾森克的性格類型

情緒穩定外向者	情緒不穩定外向者
情緒穩定內向者	情緒不穩定內向者

《內向者優勢》的作者馬蒂蘭尼提到的內向者與外向者的差別的概念與艾森克的理論很類似，前者更深入地分析並總結了內向者與外向者的差別所在，具體如下。

1. 對刺激的反應。內向者對外界的較少刺激會產生較大的反應，所以他們需要盡量減少刺激，減少因此帶來的能

量消耗；外向者卻相反，他們對刺激不敏感，總是主動尋找更多外界刺激，例如社交聚會。

2. 精力的恢復。內向者好比充電電池，因為消耗很快，所以需要花很多時間獨自安靜地充電；外向者好比太陽能電池板，他們從與外界的接觸中獲取能量，比如透過社交、聊天等，能量消耗慢。

還有更為科學先進的「大五人格」等性格測試，都會把內向與外向納入評估體系。總之，內向與外向的特質差異，被公認為是重要的性格特點。

除了內向外向之外，在心理學上還有一種性格類型不為大眾所知，叫做中向性格，即你既不是極端的外向，也不是極端的內向，而是有時外向，有時內向。這也就是為什麼有些內向的朋友有時候也會展現出外向的一面。在後面的章節會講解中向性格是怎麼回事。

■ 三、內向性格形成的原因

造成性格內向的原因很多，歸納主要有以下三大類型。

1. 先天因素

（1）基因遺傳。在常識中，大家都知道人的長相特質可以遺傳自父母，而人的性格其實也有一部分受遺傳基因的影響。

1996 年，以色列與美國聯合科學研究小組發現，一個被稱為 D4DR 的基因含有遺傳指令，能夠接受多巴胺化學物質，從而引發了追求新奇的慾望。

D4DR 基因存在兩種結構，一種比較長，另一種比較短，較長的 D4DR 基因對多巴胺具有較大吸引力，會引起人腦的反應，從而使人產生了想要冒險、不安分、衝動尋求刺激的慾望，而較短的 D4DR 基因則對多巴胺吸引力較小，從而使人變得比較喜歡思考、冷漠、沉著、內斂。

這幾年非常流行做基因檢測，只需要花幾百元，透過提供唾液，然後等上 1～2 週即可知道自己的基因狀況，比如，可以獲知自己的祖源成分是北方人還是南方人占比高，獲知其他族群的血統，還可以檢測出潛在的遺傳病的發病率，等等。但這種基因檢測方法對 D4DR 基因的檢測是無效的，因此目前無法知道你是否有這方面的基因。

（2）內向者與外向者大腦的區別。當人做出某一決策後，如果被證實正確並產生了好的結果，大腦會向負責決策的區域發送「獎賞」訊號，這會使人的認知能力得到進一步提升，形成良性循環，這被稱作「獎賞效應」。這個獎賞就是產生了快樂激素多巴胺，你每做成功一件事都能獲得快樂，你就會慢慢喜歡上這件事，會上癮。人都喜歡追求快樂，追求多巴胺的刺激，無論外向還是內向，區別只是，外

向者對多巴胺不敏感，內向者對多巴胺高度敏感。

外向者對多巴胺不敏感，對外界刺激也不夠敏感，這導致他希望獲得更多的快樂，就需要增強外界刺激，而對他來說，大量的人際社交溝通，或是多種新奇的娛樂方式等越多，他越興奮，越興奮，就會越開心，於是形成了一個正向的循環。

而內向者由於對多巴胺過於敏感，刺激過多導致內向者容易消耗能量精力，當人精力下降時，就不想說話，不想與人溝通社交，這是自然的生理反應，外向者也有類似的狀況。我在得知這個差異後，就專門詢問過我認識的所有外向者，他們的回饋普遍是，當他們很累時，其實也不想說話，也不想社交。很多內向者包括我自己，當精神狀態很好的時候，遇到讓自己開心的事情時，也會容易讓自己進入像外向者那樣很興奮、很外向的狀態。

比如：在 KTV 和朋友把酒言歡，飲酒高歌；和朋友在酒吧裡觀看世界盃，為自己喜歡的球隊吶喊助威；參加自己喜歡的偶像的演唱會，會被偶像的歌聲以及現場歡騰、熱鬧的氣氛所感染，也會變得很興奮，會高呼偶像名字。

（3）先天因素不是決定論。美國精神病學家和遺傳學家羅伯特·克洛寧格（Robert Cloninger），在 1993 到 1995 年對 4,000 多對雙胞胎進行了性格受遺傳、後天環境的影響的

研究，他認為遺傳基因，尤其是前面提到的 D4DR 基因對性格的影響不到一半，並認為不同的社會環境對同一類型的人，可能產生不同的影響。

所以，基因遺傳對內向者的影響有限，且不是決定性的。雖然現階段的基因研究還未達到像科幻片裡那樣可以隨便改造基因的程度，但我相信以現有生物學、心理學對內向者的研究成果，已足以幫助內向者變得更好。

2. 後天因素

（1）原生家庭影響。「原生家庭」在心理學範圍裡沒有明確的定義，但「原生家庭」是普遍存在於我們社會上的現實問題。

2018 年年底，網路上出現了一篇題為「原生家庭理論都是胡說八道」的文章，這篇文章在網路上引發了關於「原生家庭」的巨大爭議。文中指出，國外並沒有對應已被印證的關於「原生家庭」的心理學理論，同時強調遺傳基因帶來的決定性作用，狠批「原生家庭理論」是偽科學。

可事實如何呢？

國外的確沒有對應「原生家庭」的心理學理論，但心理學家佛洛伊德的「童年陰影」理論，以及阿德勒的《自卑與超越》都提到了孩童年幼成長時期，如果沒有得到足夠的關愛，就會導致諸多心理問題。所以，我們可以簡單理解為

「原生家庭理論」是繼承了心理學前輩們的研究，並結合了
中國自身家庭情況形成的一種通俗說法，還是有憑有據的，
並非偽科學。

在網上產生兩極化的爭論的原因可能是這樣的：

1. 患者方。很多被父母「禍害」造成心理創傷的，同時沒
   有強烈改變意願和行動力的人，就會把鍋甩給原生家庭
   理論，讓自己少一些心理負擔，人都不喜歡承認自己的
   無能，都喜歡找藉口為自己撇清責任，而剛好原生家庭
   理論被當成了這樣一個好藉口，由此這些朋友就打著被
   父母禍害成這樣的旗號而怨天尤人。

2. 原生家庭理論的支持者。提出原生家庭理論的說法，目
   的並非是給這些朋友當成逃避現實的藉口，而是作為一
   個為他們解開心結、幫助他們療癒心理創傷的原理基
   礎，也就是先知道「為什麼」，才能更好地解決「做什
   麼」與「如何做」。

3. 原生家庭理論的反對者。反對者以這篇文章為代表，就
   是看到了很多人借原生家庭理論來逃避，覺得應該「敲
   打、敲打」，應該進行「矯枉過正」。所以，就選擇性地
   表達，同時還把原生家庭理論偷換概念成「原生家庭決
   定論」，本來大家就是探討原生家庭理論對人產生的負
   面影響，以及如何解決問題，但來到反對者這裡就演變

成了狹隘的「決定論」，這難道不是有違科學理性研究問題的原則嗎？

總之，把自己現在糟糕的生活都怪罪到原生家庭失之偏頗；那為了矯枉過正，直接無視原生家庭給人帶來的心理創傷，更是嚴重的失之偏頗。為了迎合社會偏好外向者，逼迫內向者偽裝成外向者是失之偏頗；為了矯枉過正，讓所有內向者不分情況，都只做一個安靜的內向者，更是嚴重的失之偏頗。

「原生家庭」這個概念也許在心理學上的定義不夠精準，但它的確在實際生活中對人們有直接的影響，我們需要知道它，並正視它的存在。

（2）人生成長經歷。除了在成長過程中家庭的影響外，最大的影響來自學校與社會。學校泛指幼稚園、小學、初中、高中和大學等。在學校裡影響一個人成長最大的就是老師與同學。

新聞裡時常會報導嚴厲甚至粗暴的老師，會對一個學生造成永遠的心理創傷。

幾年前，社群上瘋傳的一個影片引發了網友的共鳴與討論，一男子攔路連扇老師耳光，並連連逼問說：「你還記得我嗎？」

事情的原委是這樣的：

　　當事人稱打老師時，既沒喝酒也沒失去理智，只因 20
年前他 13 歲在實驗中學讀書時，因家裡沒錢沒權，被該老
師任意欺負踐踏尊嚴。該老師多次把他踩在腳底下，連踹十
幾腳並踹頭，這給他的心靈造成了永久性的傷害。男子當年
被打，現在反過來以暴易暴，主要是體罰導致的心理創傷
所致。

　　當時有粉絲私信我，也提到他讀書時的類似經歷。他
說：「小學被老師教書教傻了，以致童年時期別人打我罵
我，都不敢還手，也不會跑。老師經常打我耳光，腦子超痛
有迴音，還被體罰蹲馬步、青蛙跳、鴨子走路，我們都快哭
了。白天有時被關到晚上一點鐘才能回家吃飯。讓犯錯的同
學互相搧耳光，開始我們還笑，然後兩同學越打越狠，最後
打到哭起來。最狠的是叫我們自帶竹子，犯錯、不聽話、不
會讀書的，她就用我們自帶的法器抽打我們。」

　　美國德克薩斯大學的研究發現，如果對一個 3 歲的孩子
進行每月超過兩次的打罵，則容易導致孩子在 5 歲時更有攻
擊性。年幼的孩子，並不明白自己的攻擊行為會帶來怎樣的
不良後果，也無法做到自控。如果孩子受到的教育都是以打
罵責罰為主，那麼他會順其自然地認為，攻擊別人就是最有
效的解決方法，並且會越來越加強。

　　同時，體罰會對孩子的心理與大腦造成一生的負面影

響。哈佛大學有一項實驗，邀請了 200 多名 18～25 歲、具備良好的學歷的中產階層的輕人進行試驗。結果顯示，25%的人遭受到憂鬱症所苦，7% 的人曾被確診為 PTSD（創傷後壓力症候群）。值得注意的是，有 16% 至少遭受過三種虐待（漠視、嚴重體罰或語言暴力），這 16% 的人當中，又有53% 的人曾患過憂鬱症，40% 的人有過 PTSD。

體罰還會讓孩子在面對逆境時更脆弱，更容易患上憂鬱症，變得自暴自棄。加拿大的一項研究發現，童年時期孩子如果長期遭受體罰，大腦前額葉中的灰質就會減少。灰質會影響一個人的智力水準、學習能力和語言能力等。

我還依稀記得，我在讀小學時，當時被體罰特別嚴重的兩個同學，曾私下惡狠狠地說「長大了我一定要報仇」之類的話。綜上說明老師體罰學生後，讓學生產生壓抑、逆反和報復心理是普遍存在的。

與此類似的還有同學間的霸凌事件，此類事件時不時會在新聞中出現，可能在家受到父母打罵的孩子，只能到學校裡欺負比自己更弱小的同學，以此獲得心理平衡。此話題這裡不再贅述。如果某個人同時受到家庭、老師、同學的三重打壓，你想想他的心理壓力有多大。

社會因素泛指無論你是學生還是上班族，你所接觸到的社會人員。很多上班族將此前受到的創傷一併帶入了職場。

在學校還能「躲」起來，不用社交，而到了職場上，你勢必需要和同事、上司進行大量的溝通協調，才能把工作做好。很多人在職場上避無可避，要麼因自身內向的性格導致無法合作，要麼就是和同事關係緊張，這也導致了自身問題的進一步暴露與放大，嚴重的不得不選擇離職，想換個公司，殊不知，本質問題沒有解決，換公司只是治標不治本。

類似於受負面的情緒影響或心理傷害也是造成內向的原因之一。

巴夫洛夫（Ivan Pavlov）說過：性格是天生與後生的合金，性格受祖代的遺傳，在現實生活中又不斷改變、改善。

（3）社會文化。社會文化的不同，也會對人的性格產生一定的影響。

歐美國家的教育倡導鼓勵個性自由發展，普遍不會壓抑、打罵體罰孩子。我認識的很多外國朋友，普遍性格都比較活潑，能量氣場足，甚至是很自嗨，非常健談，和他們在一起，你都會不自覺地說很多話。

有一次我坐火車，鄰座是一群參加旅行團的年輕老外，陪同的導遊是中國人，看到他們聊得熱火朝天，我被吸引加入他們的話題中，並和中國導遊聊起來。據他自己說，在做這份工作前，在大學裡一直都很內向不愛說話，畢業後，在工作、生活、人際交往上都很苦惱，感覺不能再這樣，一

個偶然的機會得以和老外打交道,之後發現自己變得非常活潑、外向、能聊能侃,於是索性就做了給老外當導遊的工作,長期的相處,使他產生了非常大的轉變。

東亞社會,主要是中國,以及受中國文化影響的日韓,都提倡含蓄、內斂、集體主義。我身邊的朋友裡,大概20～30個人當中,才會有1個性格像老外那樣活潑,大部分人都屬於正常,談不上外向也不內向,極度內向的也只是少數。

由於我的職業特性,遇到這樣特別活潑和特別內向的人,都會習慣性地問詢他們的家庭環境、成長經歷。基本上,性格活潑的人,家庭都比較溫暖,父母也開明,教育相對不嚴厲;而比較內向的朋友,則剛好相反。

綜上,是後天因素對內向性格形成的影響。

3. 個人意志追求

除了先天基因與後天環境外,還有第三個因素會對性格的形成產生影響,那就是你的「個人意志追求」,即你想成為什麼樣的人。

我也接觸過這樣一些人,他們的父母控制欲非常強,即使他們已經成年了,有獨立的經濟能力,但依然被父母牢牢地控制著。

比如:找工作必須要找穩定的工作,創業就不要想了;不能到外地工作生活,必須留在家鄉,必須在家住,不能晚

歸；到了 30 歲，母親依然不讓孩子談戀愛。

這些人如果自己內心沒有覺醒，沒有發覺這樣的狀態並
不健康，那也沒法改變。我認識的一個女生，從小到大都被
父母嚴厲管教，任何忤逆的想法都會被各種阻撓。比如，她
想到外地見見世面找工作，父親就打罵，她一開始還跑到姑
姑家躲起來，最後母親就以死威脅，她最後不得不妥協。

正面的例子也有。我個人以及我教過的一些改變了的學
員，都是在成長過程中，發覺自己並不能接受這種「窩囊」
的生活狀態，希望讓自己活得更加開心，更加健康，於是開
始研究學習如何改變。

如果你有先天基因的影響，現階段你沒有選擇和改變基
因的機會。基因工程越來越發達了，也許以後在出生前就可
以實現基因優化，2018 年年底的「基因編輯嬰兒」事件備
受爭議，我個人認為從長遠來說，基因改造會有實現的那一
天，也許到時就解決了倫理道德與技術問題。

後天的家庭、學校、社會的環境，也不能完全由你做選
擇，尤其對於還未成年、還不具備獨立經濟能力的人來說。

雖然我們之前沒有選擇權，但我們有自己未來命運的決
定權。先天與後天因素可以影響我們的過去與現狀，但不能
決定我們的未來。

綜上所述，很多人的確受到先天因素的影響而形成了內

向性格，但這並非是決定性因素，對性格走向影響更大的因素來自後天覆雜的環境與個人意願。也就是說，在你年幼時，只能被動接受家庭、學校、社會的影響，個人即使想改變也無法做到，以致造成了你現在的狀態。

而如果你已經成年，開始讀大學，開始工作，尤其是遠離了原來的家庭，到外地生活，那原來負面的影響源則會暫時性地停止，而同時你現在希望改變自己，就可以採用本書的方法進行嘗試。

本書是透過一些現有的科學研究，加上大量實踐總結得出的方法論，可能存在不足之處，但肯定能對廣大的內向者正確認知自己、改變自己提供一些綿薄之力。從我現有的大量實踐與教學經驗來看，**內向者的確可以改變**，所以希望你抱著自我發展的觀念來嘗試，而不是自我設限。

你是現在就開始嘗試？還是繼續做一個老老實實的內向者？

這就像《駭客帝國》裡墨菲斯給尼歐紅藥丸（尋找真相，做自己）和藍藥丸（繼續沉淪），請他進行選擇。

第二節
你可能不是內向，而是中向性格

你是否有以下情況：

◇ 明明大部分時間喜歡獨處，但又有想交往新朋友的
想法；

◇ 在熟人好朋友面前可以瞎侃，到了陌生環境就感覺
慌張；

◇ 一個人獨處太久感覺很孤獨，和朋友待久了又想躲起來
一個人靜靜；

◇ 面對陌生人話很少，但如果與對方熟悉後又不自覺話
很多；

◇ 由於你時靜時動，你身邊的人無法直接確定你是內向還
是外向；

◇ **你自己也會產生疑問**：為什麼時而內向，時而外向？

如果你有以上疑惑，那你很有可能既不是內向，也不是
外向，而處於第三種情況。

我在前面提出過一個假設：很多人並非天生內向，而是

更多成長環境負面影響造成的後天內向。很多人受困於既處於內向性格狀態，但又有社交的慾望，不知道該做什麼和如何做，讓自己擺脫這種糾結的狀態。

我以前也曾陷入過同樣的狀況，自己獨處過久，就想出去轉轉，認識點新朋友，但到了社交現場卻一句話也說不出，放不開自己。當時真想找一種什麼藥，一吃就能改變這種狀態，但卻並沒有這種好事。

幸運的是，我後來透過不斷的研究學習，費了九牛二虎之力，終於慢慢找回了可以自如交流的活潑狀態。或者可以這樣說，當我需要在社交場合進行表達時，我可以從相對安靜的狀態，切換到滔滔不絕的模式；但當我又變成一個人時，也可以獨處，安安靜靜地一個人看書、看電影，不希望被打擾。我可以做到在兩種狀態下自由切換。

1. 優秀的領導者多為中向性格

後來我查閱數據發現，其實國外心理學界，對外表比較冷淡，但內心又有想去社交的想法的人給出了一個性格界定：中向性格 —— 既不是絕對的外向，也不是絕對的內向。常見的九型人格、MBIT、DISC 等人格測試，都把人抽成幾種特定性格。但所有內向外向的性格分析說法，似乎都忽略了一種被遺忘的類型 —— 中向性格者（Ambivert）。

人格心理學家羅伯特麥克雷（Robert R.McCrae）說，

大約有 38% 的人的可能是介於內向與外向兩者之間（見圖
1-3）。所以，你很有可能不是內向性格，你可能是中向性格。

內向者　　　　　　　　　中向者　　　　　　外向者

圖 1-3 性格範圍

傳統觀點認為外向的人更適合擔任領導工作，是因為他
們開朗的個性能讓他們在人際交往、公開演講和寫作方面表
現得更好，比如美國現任總統川普。

以蘇珊・凱恩（Susan Cain）的著作《內向性格的競爭
力》為代表的觀點逐漸改變了人們對內向的看法，也幾乎在
一夜之間，專家們開始力挺內向性格，認為他們更專注，更
懂得迴避風險，更願意傾聽建設性意見。

於是導致大量跟風「過度吹捧」內向者優勢的聲音的
出現，讓內向者不分情況，預設接受自己的內向特質，從而
忽略了很多內向者也有外向的一面，他們內心想要改變溝通
社交狀態，但又缺乏方法，這難免讓我覺得有些「矯枉過
正」，可能是走向了另一個極端。

華頓商學院教授亞當・格蘭特（Adam Grant）畢業於哈
佛大學，獲密西根大學心理學碩士、博士學位，著有暢銷書
《離經叛道》、《華頓商學院最受歡迎的成功課》。他研究認

為，以上兩種觀點都太極端，他在 2013 年的研究論文《反思外向型銷售典範：中向性格優勢》中，對外向性格與銷售能力的相關性問題進行了深入研究。

格蘭特在論文中指出：長期以來人們認為外向者可以做一個更好的銷售人員，但他發現外向和銷售業績之間的關係其實相當薄弱。那麼誰做得更好？答案是中向性格（見圖 1-4）。

中向性格比外向或內向性格的人，實現更大的銷售效率，中向性格會表現出足夠的自信和熱情，並能說服搞定客戶，比外向者更傾向於傾聽客戶的訴求，又不至於顯得過於興奮或過於自信，類似於中庸的狀態。

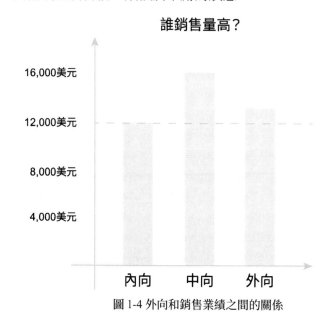

誰銷售量高？

圖 1-4 外向和銷售業績之間的關係

還有相關研究發現，優秀的領導者的性格評測得分更接近中心水準，那些不太外向，或中向性格的領導者，要比外向型領導者，能更靈活地調整自己與員工的關係定位，以使員工能更好地做出成績。比如，維珍航空創始人理查‧布蘭森（Richard Branson）、微軟創始人比爾蓋茲（Bill Gates）都是典型的中向性格。

2. 中向性格可以傾向於外向狀態

中向性格會受到如下因素影響而變得傾向於外向狀態。

◈ 所處的場所是否熟悉或喜歡；
◈ 對相處的人的了解程度；
◈ 人際交往時的社交狀態是否充足；
◈ 是否有熟悉或喜歡的人在身邊陪伴；
◈ 一個人獨處了多久時間；
◈ 一個人已經社交了多久時間。

此外，中向性格者還會受到自身情緒、精神狀態的影響。

3. 中向性格的優勢

中向性格最大的優勢就是：平衡，也就是同時兼顧內向和外向的優點。

1. 中向性格更加靈活。他們更容易適應新環境，並不喜歡只用一種方式解決問題。

2. 中向性格更加情緒穩定。外向性格的人，不容易受外界因素的影響，而內向的人比較敏感。中向性格能在兩者之間做到良好的平衡。

3. 中向性格直覺性更強。中向性格能在生活和商務中提供更好的服務。中向性格知道什麼時候該說話，什麼時候該閉嘴。

4. 中向性格更有影響力。中向性格比外向性格更包容，更能調動他人的內在驅動力。

中向性格者能根據情況，比較快地調整與人相處的方式，這使得他們能夠更輕鬆、更深入、更廣泛地接觸到不同的人。

4. 判斷中向性格的方法

在後面小節有關於中向性格的簡易測試題，可以快速大概了解自己是否屬於中向性格。

5. 成為中向性格者的方法

如果你也想成為一個能兼顧內外向特點的人，可以從以下四個方面著手學習。

1. 提升社交溝通能力。本書關於社交溝通的內容正好可以幫助你改善這方面的狀況。

2. 建立積極的社交圈。當你和志趣相投的人成為好朋友
   時，你們可以經常圍繞感興趣的話題進行學習交流，能
   一起外出遊玩，感受快樂，這樣的相處時間一久，很容
   易讓你變得開朗、活潑，會讓你越來越喜歡社交。

3. 選擇合適的社交場所。應該有你喜歡或討厭的社交場
   所。多去你喜歡的，能給你帶來積極正面回饋的地方，
   比如你喜歡讀書，那就多參加讀書會。當然，如果你討
   厭一些比較吵鬧的場所，如酒吧、KTV 等，我的建議是
   雖然你不喜歡或厭惡，但這些是需要高能量的場所，如
   果能配合有效的社交訓練方法，其實反而更容易激發你
   的外向傾向狀態。可以翻看後面的章節進行相關閱讀。

4. 選擇一個合適的工作。有些職業天然容易刺激和訓練你
   慢慢變成中向性格者。比如，銷售、商務、老師，以及
   任何可能需要經常和不同人打交道的職業。

在工作的過程中，你自然而然地就會和陌生人打交道，
直接實現以「賽」代練的目的。

當然，如果你在沒有做好提前學習訓練準備的情況下，
貿然轉職，也可能導致你一下子無法適應，以致產生更多的
畏懼、退縮行為，所以你在心理上做好準備後，可以先做一
些兼職嘗試體驗，慢慢找到外向傾向的感覺。

6. 處於中向性格狀態的感受

我一開始是一個比較內向的人，現在轉變為更傾向於一個內外向兼有的狀態，但不是雙重性格。

以前有一整年的時間裡，每個週末我都會刻意去參加各種聚會，鍛鍊自己的溝通社交能力，原來是想說話但又不敢，後來經過千錘百鍊，已經變得相對外向活潑，在需要和陌生人打交道時，可以調整自己的能量與溝通狀態來應對，社交結束後，我可以透過獨處恢復精力。

這個外向是分場合視情況而定的，就像超人，平常是個默默無聞的小記者，到了關鍵危急時刻，就可以立刻變身飛天遁地。我在平常也喜歡安靜，但我也會在工作了一週後，期待週末能認識一些新朋友，和一群有趣的人相處、玩樂。我能感受到，我已經不再是以前的內向害羞的性格狀態，但也不是那種時時都可以非常活潑的外向者，而是處於一種可以根據場合靈活調整自己的狀態，非常契合中向性格的描述。

也就是說，透過前面性格光譜圖的顯示，你在訓練前一直處於內向的區間。透過訓練後，可以調整成偏向中向性格範圍，可以根據情況變換自己的性格狀態。

我在年輕的時候也熱衷於用各種性格測試、星座等來了解自己的性格傾向到底如何。有時也感嘆，這個測試還挺

準，那個星座運程說的就是我。但這些模稜兩可的說辭，只
是符合了「巴納姆效應[001]」，讓你有認同感而已，其實並沒
有什麼作用。

　　我覺得了解自身性格的最終目的，是發揮自身天賦優
勢。成功不是「取長補短」，而是「揚長避短」，成功的人
不是沒有缺點，而是因為他們能發揮長處。成功不是要去做
「做不到」的事情，而是只要把「做得到」的事情做到最好
就行。雖然不擅長溝通的確是你現在的短板，但這個短板是
可以透過後天訓練習得的，而且此項技能是我們身為社會人
普遍需要具備的技能。所以，我們既要 「揚長避短」，也要
適當「補短」。

7. 內向性格者也有外向的時候

　　不要給自己設定一個內向者的標籤，人都有多面性，完
全可以透過有效的訓練，來讓自己在需要的時候和合適的場
合能正常地表達。中向性格也不是一個標籤，而是一個性格
範圍，中向性格具有很大的靈活性和變化性。這很像我們的
人生，我們的命運不完全是上天注定的，也可以透過後天的
努力做出調整、改變，太多逆襲的例子擺在我們眼前，我們

---

[001]　巴納姆效應（Barnum effect）是 1948 年由心理學家伯特倫‧福勒透過試驗證明
　　　的一種心理學現象，認為每個人都會很容易相信一個籠統的、一般性的人格描
　　　述特別適合他，即使這種描述十分空洞，仍然認為反映了自己的人格面貌，哪
　　　怕自己根本不是這種人。這種心理學現象以雜技師巴納姆的名字命名。

需要做的是不要過度自責自己的不足，而是在遇到困難時，採用積極的思維模式去解決問題，直至走到我們期望的人生道路上。

下一次有人問你的性格類型，或說你感覺很內向很靦腆時，你不用解釋你其實有時候很外向，有時候很內向。你完全可以對他說，我其實是中向性格，現在只是處於安靜的狀態，如果外向起來，連自己都怕。

第三節
過度吹捧內向優勢是另一種矯枉過正

我們都聽過「過猶不及」的成語。這個典故來自於《論語‧先進》:「子貢問:『師與商也孰賢?』子日:『師也過,商也不及。』日:『然則師愈與?』子日:『過猶不及。』」

身為學生的子貢問孔子:老師的同學子張和子夏哪一個更賢明?孔子說:子張常常超過周禮的要求,子夏則常常達不到周禮的要求。子貢又問:子張能超過難道不好嗎?孔子回答:超過和達不到的效果是一樣的。

我對內向者是要變得外向,還是要安分做個內向者,兩種不同的看法,也有類似於過猶不及的感覺。

傳統觀點認為,外向的人更適合擔任領導工作,是因為他們開朗的個性能讓他們在人際交往、公開演講和寫作方面表現得更好,比如川普。所以持這種觀點的人認為:內向者太悶是吃不開的,需要變得外向。

這個觀點在傳統的觀念裡依然盛行,而年輕人都普遍反感,所以導致了第二種觀點的流行與反撲。

較新觀點認為:要接受自己是內向的性格,不用刻意變

得外向，讓自己發揮內向者的優勢就好。

可能是此前傳統觀點讓自己太過壓抑，受到此系列書籍影響的內向者們終於獲得了「釋然」，並全盤接受此觀點，尤其也是內向的寫作者們在文章中大力推崇此觀點。甚至，有部分作者認為內向者並不是不擅長與人交流，而是不喜歡。

以上兩種觀點在我看來都過於極端，如圖 1-5 所示為性格範圍矯枉過正示意圖。

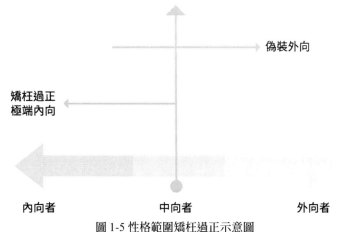

圖 1-5 性格範圍矯枉過正示意圖

■ 一、第一種觀點：內向者吃不開，要轉變

傳統觀點沒有考慮到內向者的實際情況，只是以為內向就是膽小懦弱，這個社會也的確是外向者更受歡迎、更吃香的社會。這導致很多內向者錯誤地認為必須變成絕對的外

向，才能在社會上生存與成功，部分內向者採取「偽裝」成外向的方式來博取認同，又有部分內向者在偽裝的過程中感到內心痛苦，最後又變回內向。這是一種矯枉過正。這種強迫或給予內向者壓力來改變的觀點，是一種錯誤觀點，目前已經普遍獲得社會認同。

▋ 二、第二種觀點：接受內向性格，發揮內向優勢

此觀點我認同發揮內向者優勢的部分，不認同以偏概全的部分，比如，它認為內向者並不是不擅長與人交流，而是不喜歡，這又是另一種矯枉過正。基因只能影響一個人，但不能決定一個人。後天環境是可以根據你的個人意願變化而變化的，所以簡單來說，只要你想改變，加上適當的方法，不擅長溝通的內向者也可以華麗轉身。

這裡需要強調，內向與外向只是性格的差別，而是否擅長溝通則是能力問題。實際上內向者中，也會分成擅長與不擅長溝通兩種情況。此觀點完全否定了內向者也存在外向的一面，把內向性格與外向性格對立起來，他們是建議內向者變成一個「完完全全」、「老老實實」的內向者。

有時並非是內向者不喜歡，而是他希望進行人際交往，但不能夠做到自如的交流，久而久之產生了嚴重的挫敗感，導致他愈加不敢與人溝通社交，進而進入惡性循環，所以才

會認為只要是內向者，就不用勉強自己改變性格，做自己就好。同時，內向者還有先天與後天之分，並且影響一個人成為內向者最大的因素並非遺傳基因，還有「後天環境」與「個人意願」。

如果是後天的內向者，是否要接受一輩子當個內向者？

如果是先天的內向者，但他有強烈的改變意願，是否也要壓抑自己？

如果你有改變的意願，同時又有科學有效的方法，讓你在需要「外向」時，可以自如地表現，你是否要嘗試？

之所以有人勸告內向者不要改變，我猜測有三種可能性。

1. 他自己可能是偏向先天內向，同時他透過研究學習發現，先天基因會遺傳內向性格，同時內向也有專屬的優勢，不需要改變性格也可以過得很好。

2. 他們不知道內向者有先天與後天之分，不知道「後天環境」與「個人意願」才是決定一個人性格的最重要因素。

3. 他們無法理解：內心有強烈的改變意願的內向者，渴求而不能的痛苦，以及猶豫是否要改變的內心糾結。

我本人就屬於後天內向，聽父母說我年幼時每當聽到有迪斯可的音樂響起，就會跳起舞來，非常活潑，可我根本想

不起來有這回事，稍大一些由於有過各種負面的成長經歷，慢慢變得內向嘴笨，後來由於有強烈的改變意願，在研究的過程中也接觸到了第二種觀點，但發自內心並不能完全接受這種觀點，直到後來在大量的學習實踐中發現，其實還存在第三種和第四種可能性。

▌三、第三種觀點：中向性格，有時內向，有時外向

你既不是內向也不是外向，而是中向性格，也有研究稱之為混合型性格，即一個人有時內向，有時外向。

後面可以透過做測試來了解自己是否屬於中向性格，但市面上關於中向性格方面的書籍數據稀少，所以未形成足夠的影響力，中向性格其實也不是一種性格，而是性格的狀態範圍，就像溫度，可以是 0℃，也可以是 100℃。就像一座城市有早晚溫差，夏季與冬季的溫差更大，但都是同一座城市。

其實在 2012 年，《內向性格的競爭力》的作者蘇珊·凱恩在 TED（Technology, Entertainment, Design）演講中曾一帶而過地提到「中向性格」，而且是給予了肯定態度。她說：「我認為中向性格擁有世界最美好的一切，但我們中的大多數總是認為自己屬於內向或外向的其中一類，同時我想說從文化意義上講，在這兩種類型的人之間，我們需要一種

更好的平衡，我們需要更多的陰陽平衡。」但她的整場演講以及她的暢銷書《內向性格的競爭力》還是側重於內向者的優勢，書籍中都沒有提到「中向性格」。

我揣測可能是蘇珊‧凱恩對中向性格的研究並不深入，至少我沒有找到她關於如何發揮中向性格優勢的內容。也許是機緣巧合，讓我一個後天內向者在不斷探索成長的過程中，無意間找到了讓內向者轉變成中向性格的思路和方法。

■ 四、第四種觀點：可以使內向者轉變為中向性格

你可能天生外向，但受後天的負面成長環境的影響變成了內向性格，既然不是天生內向，而是被後天環境影響而導致的改變，那就有可能透過一定的方法再改變回偏向外向的狀態，我本人就是這樣的例子。為了驗證自己不是特例，在5年多的培訓教學過程中，我幫助很多和我類似的朋友重新找回了更開朗、更自信的自己。

即使你是先天遺傳的內向者，由於基因也不是決定性的因素，能決定人性格的還包括「後天環境」與「個人意願」。如果你有改變的意願，同時願意嘗試，為什麼不試試呢？

以下引用的網友給我的留言，代表了一部分想改變的內向者的心聲。

網友無法早睡說：

有道理，有時候說自己性格內向，其實就是給自己的社交失敗找一個藉口和安慰自己的理由而已。但是給自己找這種藉口，時間長了會越來越不想說話、不會說話，這就是惡性循環了。

網友 cielo 說：

看了這麼多，覺得您說的話最有用。不善言談的人有想改變自己的這種欲望，說明他內心是需要的，而不是一味地排斥改變不善言辭的問題，不然只會讓他處於矛盾之中。謝謝您的答案！

內向者可以透過後天改變自己的溝通表達能力和狀態，讓自己在需要外向時也可以應付自如，但要及時地休息和補充能量。改變的原理就是前面提到過的內外向者之間的兩個重要區別。再次強調。

1. 對刺激的反應。內向者對外界的較少刺激有較大的反應，所以他們要盡量減少刺激，減少因此帶來的能量消耗；外向者卻相反，他們對刺激不敏感，總是主動尋找更多外界刺激，例如社交聚會。

2. 精力的恢復。內向者好比充電電池，因為消耗很快，所以也需要花很多時間，獨自安靜地充電；外向者好比太陽能電池板，他們從與外界的接觸中獲取能量，比如透

過社交、聊天等，能量消耗慢。

這兩個差別是內外向性格的分水嶺，但同時也是幫助內向者調整的重要原理。很多主流觀點只是知道這個區別，卻忽略了如何利用其進行改變，這也是我的觀點和現在主流觀點最大的不同。也就是說，如果有方法讓內向者在需要像外向者那樣自如溝通時，能量非常充足，同時還具備一定的溝通社交方法和經驗，那就不用擔心社交場合應付不來的問題了。

我自己就是順應這個邏輯，然後透過大量的研究實踐，大概經過五年左右的時間，慢慢地讓自己徹底從一個內向者轉變成了一個相對外向的性格，就是平常可以很安靜，也喜歡安靜，但到了社交場合也完全可以自如結交陌生朋友。我相信這是很多想改變的內向者都希望達到的狀態。

▌五、第三與第四種觀點的區別

我自身的親身體驗是：改變後會同時兼有內向者與外向者的特質，會在一個範圍內來回變動，變動主要受到個人當時的精神能量狀態、所處的環境的影響。比如：如果我今天要去參加一個社交聚會，我會提前做好準備，例如，會先休息好，提前了解參加活動的細節和人員情況，提前準備一些談話主題，等等。內向者進行溝通社交會快速大量消耗能

量，一旦消耗殆盡，就會陷入社交低迷狀態。例如，剛進入
活動現場，還能和陌生人閒聊，但過了一兩個小時，體力精
力下降，慢慢就變得不想說話，如果能找個角落閉目養神十
分鐘，又可以恢復一部分精力，類似於快速充電。

如果我前一晚睡眠不好，第二天精神萎靡，工作效率低
迷，整個人都不想說話，那我自然也不會主動要求去參加聚
會。也就是一個本來可去可不去的活動，在狀態不佳時，我
就選擇不去。如果我當天的確狀態不好，而又不得不參加一
個飯局，最好的方法就是在坐計程車路上小睡一會兒。

以上例子只是調整狀態的其中一種小技巧，綜合性提升
還有很多方法，同時要想內向者能應付自如地參加社交活
動，還需配合一段時間的有效的社交溝通方法的訓練。我提
出的方法，一部分是借鑑心理學知識，一部分是我大量學習
溝通社交方法，以及大量個人實踐、培訓學員帶來的驗證結
果，綜合形成的一套方法論。

以上四種觀點橫向對比如表 1-4 所示。

表 1-4 內向觀點對比

		對內向者是否改變的觀點	導致後果
1	傳統觀點	以為外向者更占社交優勢，更擅長交際	誤導很多內向者刻意讓自己偽裝成外向者，實際內心壓力很大

2	較新觀點	要接受自己是內向的性格,不用刻意變得外向,讓自己發揮內向者的優勢	會讓一部分內向者安心接受現實,然後飛灰內向者優勢;但也會讓一部分想改變性格的內向者,很糾結到底要不要改變,處於矛盾炫窩之中。有做內向者類型區分,但未給出想改變性格者的解決方法
3	中向型性格觀點	很多人既不是內向,也不是外向,而是中向	由於資料少,未形成足夠的影響。中向性格不是一種性個,而是性個的狀態範圍,就向溫度,可以是 0°C,也可以是 100°C
4	我的觀點	如果你是一個後天內向者,你發自內心希望改變自己的性格,提升自己的人際溝通能力,那你可以透過我的方法來實現。如果你是一個先天的內向者,但也希望改變,也可以常是我的方法	會讓你有更好的改變選擇和方法,同時又能飛灰內向者與外向者的共同優勢。透過我的方法改變後,能慢慢轉變成中向性格或狀態

內向者有「先天」與「後天」之分;人際交往有「擅長」與「不擅長」之分;改變性格意願有「不願改變」和「發自內心想改變」之分。綜合先天后天內向和是否有改變意願兩個維度,可以抽成如表 1-5 所示的四種情況。

表 1-5 內向改變意願對比

	有改變意願	沒有改變意願
先天內向	嘗試改變	不改變
後天內向	主觀想改變 更容易改變	不改變

第一種：你是先天內向，同時沒有改變性格的意願，你可以按照第二種觀點，做個安靜的內向者即可，市面上有大量類似的書籍和數據可供學習。

第二種：你是先天內向，同時有改變性格的意願，你可以嘗試我的方法。

第三種：你是後天內向，同時沒有改變性格的意願，你有選擇的自由，我不會強迫你一定要改變。個人意志最重要，但你一定要先問自己，你是不願意，還是不能？不願意就是不想改變；不能，就是想改變，卻缺乏能力、方法、訓練等。

第四種：你是後天內向，同時有強烈改變性格的意願，你用我的方法就對了。

綜上所述，我的方法不一定百分百適合你，但絕對是每一個想改變的內向者可以嘗試的一個方向。本書的核心目的是幫助那些不甘於一輩子是內向性格、唯唯諾諾、不夠自

信、不擅長與人溝通的朋友。即使可能先天的遺傳基因對你有很大影響，但你希望讓自己更擅長社交，也有方法改進，可以參考本書後面幾章關於提高社交溝通能力的內容。無論你的內向是先天的還是後天的，改變的決定權都在你自己手裡。

第四節
內向者要不要、能不能改變性格

　　一個學員曾向我提出一個疑問：他一個朋友勸告他，如果他本身是內向者，喜歡獨處，不要強迫自己不斷去社交，不要強迫自己去和別人說話，讓自己舒服就行了。強迫自己變得外向，就是不認可本身真實內向的自己，反而顯得是假裝外向，他朋友覺得完全沒必要和別人刻意社交。而我的理念是鼓勵內向者大膽去社交，改變自己的不擅長溝通的狀態，增加自己的人脈或異性資源。他覺得互相矛盾，很困惑，不知道該聽誰的。

　　這位朋友很有可能是全盤接受了國外內向書籍作者的觀點，導致他不知道內向也分為「先天」與「後天」，並且決定性格的因素除了內向遺傳基因外，還有「後天環境」與「個人意願」。

　　內向者面對自己的性格和人際交往的短處一直存在以下兩個模糊的困惑。

　　◇　我要不要改變性格？

　　◇　我能不能改變性格？

前者，是個人意志；後者，是實際能力。前者，是主觀意願；後者，是客觀條件。

我要不要變得外向？這取決於你是否有強烈的改變意願。

我能不能變得外向？有人說能，有人說不能。我的觀點是雖然改變起來比較費力，但還是可以的。可以透過後面的測試，來了解自己的狀況以及先天條件是否更適合，比如，你透過基因檢測、心理測試和回憶童年發現，你小時候是偏向活潑外向的，同時你又受夠了長期內向給你帶來的負面影響，那你可以嘗試進行改變。

我的觀點是內向者性格變得活潑，的確是更容易社交。但同時我又不認同強迫內向者刻意去變得外向或假裝外向。更加不認同勸告所有內向者不分情況，違背自身意願只做一個「安分」的內向者。

減肥對很多人來說有難度，但只要方法對也不是不能解決，性格改變的確有一定的難度，但改變內向者在溝通社交時的狀態、表現，卻相對容易。如果你很喜歡現在自己的狀態，我不會勉強你去改變。如果你內心有強烈的交友和改變的意願，那你其實可以有另一種選擇和生活方式。

我本人就是小時候先天很活潑，受到成長環境的影響，變得後天內向，但後來透過覺醒和尋找解決方法，最後我擺

脫了自己內向性格的困擾，使自己在公開社交場合也可以像外向者那樣活潑開朗，而且我用這套方法也幫助很多人獲得了改變。所以我對內向者如何能真正改變深有體會。而且我經過和很多學員、諮商者、讀者交流發現，很多人的「內向性格」並非天生的，而且後天內向者有更強烈改變的意願。

判斷自己是先天內向還是後天內向的方法如下：

首先要詢問內向者四個小問題，做一個簡單且不那麼嚴謹的小測試，後面會附帶更全面的測試題。

第一題，請認真回憶一下或問父母，你年紀非常小的時候，性格偏向活潑還是安靜？

第二題，發自內心詢問自己，你想結交新朋友嗎？

第三題，你是否有強烈改變自己的意願？

第四題，你是否同時伴隨自卑心理、缺乏溝通社交方法，阻礙你改變的意願？

如果第一題的答案是活潑的，第二、第三、第四題中你至少有一個以上是肯定的答案，那你可能比較偏向於「後天內向」。

我們是如何成為後天內向者的呢？那些內向書籍作者大多是歐美人，歐美孩子的教育方式和環境與中國有非常大的不同，歐美的教育是鼓勵個性發展，不打罵，不打壓，講究溝通。而亞州的教育環境（家庭、學校）大部分是壓抑個性

的，根據心理學家佛洛伊德提出的「童年陰影」理論，和阿德勒的自卑理論，都認為人的創傷經歷，特別是童年的創傷經歷，也就是前面提到的「原生家庭理論」對人的一生都有重要影響。

從小就被要求不能調皮搗蛋，要做一個聽話的孩子，一吵鬧就會被訓斥或被打，剛開始還是會繼續吵，但隨著時間推移，年紀變大，吃到的苦頭夠多（不給零用錢、體罰打罵等），慢慢也就被馴服了，就像動物園裡被拔了牙的老虎被遊客騎著拍照一樣無奈。

上學時被要求穿難看的校服，剪統一的髮型。有些家庭父母經常吵架、父母離異、肆意打罵教育孩子等這一切，都是在無形中壓抑了孩子的個性，使孩子漸漸地由原來天真活潑開朗被迫影響和改造成了不愛說話、不敢表達自己的內向性格。

這剛好符合「習得性無助」的原理。美國心理學家塞利格曼（Martin Seligman）1967 年在研究動物時提出，他用狗做了一項經典實驗，起初把狗關在籠子裡，只要蜂鳴器一響，就施以難受的電擊，狗關在籠子裡逃避不了電擊，多次實驗後，蜂鳴器一響，在給電擊前，先把籠門開啟，此時狗不但不逃，而是不等電擊出現，就先倒在地上開始呻吟和顫抖。本來可以主動逃避，卻絕望地等待痛苦的來臨，這就是

「習得性無助」。「習得性無助」是指因為重複的失敗或懲罰
而造成的聽任擺佈的狀態。

回到開頭學員的朋友的那番觀點，我認為他只對了一
半。如果他是天生內向（雖然不是決定性因素），並且沒有
改變的意願，那想幹嘛就幹嘛，我不會有任何強迫或誤導。
但如果你根據前面的小測試，了解到自己並非天生內向，那
是不是就不適用這套邏輯了呢？

國外作者可能不了解亞州為什麼這麼多人會內向，以及
後天內向的原因，所以沒有提出後天內向的說法。這也不奇
怪，那些看了國外書籍的人，在沒有進行辯證的思考的情況
下，沒有考慮「亞州特色」，就全盤接受作者的觀點，並認
為既然自己是內向性格，那就老老實實完全接受內向者的行
為模式來生活吧。

我於是讓學員詢問一下他的朋友，關於測試小問題，給
出的答案和我預想的一樣，也是偏向後天內向。學員的朋友
還說，他只想交值得交往的朋友，這句話本身就存在問題。
什麼樣的朋友才值得交往呢？你不先去擴大社交圈，認識更
多的人，就無法篩選出適合自己的朋友。這正如：在封建
社會裡如果奴隸接受了他們天生就應該被奴役這一現狀，那
他們永遠不可能翻身做主人，永遠都被別人欺壓，永遠沒有
公平。如果沒有陳勝吳廣的「王侯將相寧有種乎」，就不會

有秦朝的覆滅；如果沒有馬丁‧路德‧金恩（Martin Luther King, Jr.）為黑人民權運動做出吶喊「I have a dream.」那黑人擺脫種族歧視的壓迫不知道還得延後多少年。

既然存在後天內向這一情況，同時很多人的內向都是在後天的成長環境中被改變的，那由此可得出，你如果有強烈的意願想改變，想變得外向，或者說變得相對活潑一些，這是有可能的，是可以透過外部環境和訓練方法來改變這一點，並且並不違反本性，因為你天生其實就是活潑外向的性格。

那現在問題來了，如果你符合這個前提，你是否願意一輩子做一個內向的人？如果答案是肯定的，那為什麼不嘗試改變呢？為什麼甘願做一個無法活出真實而精彩的自己的人呢？我說說自己的例子。

印象中，我慢慢開始變得內向，是從小學四年級轉學到了一個新學校，不適應新環境，不適應老師的教學方法開始的。當時班導是國語老師，他和數學老師都喜歡打罵體罰學生。我記得當時有兩件小事：一是健康檢查時要測視力，由於我近視，班導就說出了：「你們這些學生怎麼都那麼多人近視，拖累我們班的表現」責備言語；二是數學老師，天天一副惡狠狠的架勢，你稍微有做不好的地方，就當眾責罵你。這兩個老師的當眾負面教育，給我當時幼小的心靈留下了陰影。

　　我在心智不成熟、容易受影響的情況下，不適應與新同學的交往，很抗拒老師的教學方式，整個人成天都處於負面的情緒中，成績開始變差，甚至厭惡學習。我在轉學前，成績還是不錯的，在班裡名列前茅。以至於畢業很多年後，有同學要相約去看望老師，我都內心抗拒，不想見到給我帶來心理陰影的老師。同時，父母沒有在此時採用鼓勵的態度和有實質效果的提升成績的方法幫助我，而是對我這個三觀還未形成的小孩子採用激將法——別人家的孩子如何如何好，你應該多努力，等等。處於成長和青春期的孩子都是有叛逆和反抗心理的，這種方式只造成了反效果。

　　從小學畢業後，開始長青春痘，初中高中大學皮膚都處於非常差的狀態，對著鏡子看感覺很恐怖，直到大學畢業後，才透過清潔皮膚慢慢變好，但這對我整個青春期造成了巨大影響，讓我有時候都不敢抬頭看別人，尤其是異性，讓我感到自卑和不敢表現自己，對我的自信心有巨大的打擊，而內向的表現就是這些因素的綜合結果。我猜想很多人也有和我類似的境遇。

　　那猜想你們也很好奇，我是用什麼方法改變的呢？

　　我的這本書中，就有幫助後天內向者逐步找到改變自己的入門方法，但也請不要天真地以為看完書就可以改變。一個人的改變，不是你知道了方法，就能立刻變身超人，還需

要進行扭轉錯誤行為的系統思維更新，加上一套有效且可複製的行動指南，同時不斷地進行訓練、回饋、調整、再訓練。

請讓我們一步一腳印，慢慢來，比較快。

第五節
內向性格測試

透過內向性格測試，看看你的內向是先天的、後天的，或是中向性格。

1. 先天內向與後天內向測試

由於現階段的基因檢測條件還不能方便地檢測出是否有先天內向基因，因此這裡更多是採用回答主觀化的問題的方法（見表 1-6），來了解自己是先天內向，還是後天內向。

表 1-6 內向性格測試表

先天、後天內向測試			
	狀態	是	否
1	請認真回憶一下或問父母長輩，你年幼時，性格是偏向活潑還是安靜？		
2	發自內心詢問自己，你想結交新朋友嗎？		
3	想進入各種社交圈子嗎？		
4	可望與人接觸交流嗎？		
5	想認識志同道合的人嗎？		

6	如果你單身,想認識更多異性嗎?		
7	不喜歡宅或厭倦宅的狀態嗎?		
8	你是否有強烈改變自己的意願?		
9	你是否願意為改變付出一定的時間、精力、金錢?		
合計			

如果超過五個以上次答是肯定的,尤其是前兩個是肯定答案,那你多半是後天內向。

2. 中向性格測試

如表 1-7 所示的問題,不用過多思考,根據自身感受,請用第一直覺選擇「是」與「否」。

表 1-7 中向性格測試表

中向性格		
內向狀態	是	否
1 我不喜歡引起別人的注意		
2 我傾向在說話前思考		
3 我對陌生人很安靜		
4 我與人相處時間過長時精力容易消退		
5 我喜歡獨處		
6 我是個很好的傾聽者		

外向狀態	是	否
1　我喜歡在團隊裡工作		
2　我一個人感到無聊		
3　我是聚會的主角		
4　我喜歡和陌生人交流		
5　我在聚會上和很多不同的人交談		
6　我總是覺得和人在一起很舒服		
模糊狀態	是	否
1　不熟的時候話少，熟悉後話多		
2　獨處久了想找朋友，與朋友待久了又想獨處		
3　朋友無法判斷你是內向還是外向		
總分		

如果你兩種狀態都有，且平均，那你多半是中向性格。

第六節
內向者自信溝通力自測量表

內向者不一定自卑，但自卑的人多半很內向。由於很多內向者同時也在自信心、人際交往上存在諸多問題，在此提供一個「內向者自信溝通力自測量表」（見表1-8和表1-9），想改變的內向者可以參考該表對自身情況進行一個全面的了解。不要過多思考答案，用第一種方法訓練一個月後，再進行一次測試，看看自身前後有哪些變化。

表1-8 內向者自信溝通力自測量表（閱讀時打分記錄）

分數	1	2	3	4	5
自信					
1 過分在意他人的看法					
2 自我否定					
3 患得患失					
4 社交焦慮感					
5 日常精神萎靡					
6 氣場羸弱					

溝通					
1	無法開場				
2	找不到話題				
3	無法延續話題				
4	不會轉移話題				
5	容易冷場尷尬				
6	邏輯表達不清				
7	缺乏幽默感				
社交					
1	朋友非常少				
2	習慣宅在家				
3	熟人隨便聊，陌生人放不開				
4	在社交場合比較沉默，無法與陌生人打成一片				
5	與上級或專業人士接觸時，緊張不敢表達				
6	不敢當種表達自己的觀點				
7	不懂如何找到新朋友				
8	與同事關係差				
合計總分					

表 1-9 內向者自信溝通力自測量表（學習訓練一個月後打分記錄）

分數	1	2	3	4	5
自信					
1 過分在意他人的看法					
2 自我否定					
3 患得患失					
4 社交焦慮感					
5 日常精神萎靡					
6 氣場羸弱					
溝通					
1 無法開場					
2 找不到話題					
3 無法延續話題					
4 不會轉移話題					
5 容易冷場尷尬					
6 邏輯表達不清					
7 缺乏幽默感					
社交					
1 朋友非常少					
2 習慣宅在家					
3 熟人隨便聊，陌生人放不開					

4	在社交場合比較沉默，無法與陌生人打成一片					
5	與上級或專業人士接觸時，緊張不敢表達					
6	不敢當種表達自己的觀點					
7	不懂如何找到新朋友					
8	與同事關係差					
合計總分						

說明：根據自身感受打分，情況越明顯分數越高，反之亦然，不確定可取中間值。

第二章

內向者如何建立溝通自信

第一節
內向者不自信的原因

　　曾經看到過很多文章裡提到一些名人、成功人士表面侃侃而談，實際上卻是個內向者，如愛因斯坦、巴菲特、牛頓、祖克柏、林肯、伊隆‧馬斯克等數不勝數，然後給出的結論大多都是：內向性格不是缺點，不等於不自信，內向者也可以成為成功者。

　　我於是開始懷疑人生，為什麼這些內向的名人能成功，給人很自信的感覺，而我這個內向者卻在人際交往中不擅溝通、很自卑？是因為我不是名人的原因嗎？是因為我還太年輕嗎？我無數次迷茫地問過自己，可久久得不到答案。

■ 一、內向不等於自卑，但自卑者多半較內向

　　內向不等於自卑，但自卑者多半較內向。大眾普遍的認知是：內向者比較不擅長人際溝通、木訥、不自信等。而實際情況是：外向、內向與自卑、自信都屬於性格裡的一部分；外向、內向屬於性格的社會屬性特質；自卑、自信、自負則屬於不同的心理狀態。

內向與外向者都有可能出現自卑、自信、自負的心理，只是內向者同時伴隨自卑的現象較為普遍，這也是社會大眾普遍的認知偏差。實際則存在多種情況，內向者中也有很自信的，自卑的內向者也可以轉變成自信的內向者。如表 2-1 所示為內外向與自卑、自信、自負對比表。

表 2-1 內外向與自卑、自信、自負對比表

	自卑	自信	自負
外向	✓	✓	✓
先天內向	✓	✓	✓
後天內向	✓	✓	✓

自卑，就是自我否定，對自己缺乏正確的認識，在人際交往中，自卑者容易畏懼和放大所有的負面回饋。例如，在遇到喜歡的、專業的、陌生的、氣場強的人時的表現。

自信，就是自我肯定，即對自我的價值認可，不會輕易受到外界的影響。

自負，就是過高猜想自己，比如自信過頭也是自負，主要表現為沒有自知之明、狂妄，對他人表現得傲慢強勢，容易造成對方的反感。例如，恃才傲物的楊修，最後被曹操所殺，雖然殺他還有其他原因考量，但過於自負的表現，的確讓人生厭。司馬懿則懂得避其鋒芒，韜光養晦。

當他人評價自己時，要靠自我認知進行辨識和判斷。過低地評價自己，就表現為自卑；過高地評價自己，就表現為自負；合理正確評價自己，就表現為自信。

你也可以理解為自信是一個範圍狀態，因為沒有 100% 的自信。後面我會提到一個「核心自信」的概念，可以簡單理解為比一般意義上的「自信」更加強大的自信狀態。如果把自卑、自信、自負轉化成一個區間圖（見圖 2-1），就和前面提到的中向性格非常類似。

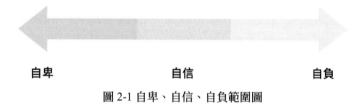

自卑　　　　　　　　　自信　　　　　　　　　自負

圖 2-1 自卑、自信、自負範圍圖

▌二、內向者產生不自信的原因

其實相關的原因，在第一章第一節中就有較為詳細的論述，這裡只做一些補充。

從心理學的角度，我對自卑的了解，主要以佛洛伊德和阿德勒的理論為基礎。佛洛伊德提出將人的主觀「意識」部分比喻為冰山露在水面上的一角，而「潛意識」卻是冰山在水面以下的巨大部分，潛意識潛移默化支配著人的行為。

佛洛伊德還提出「童年陰影理論」，你在幼年、青少年

時期遭受的挫折、打擊或其他負面影響，如果沒有獲得及時引導，會產生心理創傷，因人的自我保護機制，大多被壓抑到潛意識區域，而一旦被觸發就容易引發情緒或行為失控。

阿德勒是和佛洛伊德同時代的另一位偉大心理學家。他認為人的自卑有三個最主要的來源：身體缺陷、嬌縱和忽略。阿德勒認為一個人在五歲之前，其生活經驗已經決定了他成年後解釋自身遭遇和回應的方式，並對於「對這個世界和自己應該期待些什麼」這個問題有了基本的答案。

從社會學的角度，人的自信在逐步成長的過程中，同時會受到其他因素的影響，具體有以下幾方面。

1. 亞洲的教育方式（家庭、學校）

歐美的教育是鼓勵個性發展，不打罵，不打壓，講究溝通。我認識的很多來自歐美的老外都很活潑、健談、自信。

在亞洲國家，剛出生或幾歲大的孩子大多都天性開朗，想笑就笑，想哭就哭。但隨著成長的環境、社會化的影響，家庭父母、學校老師的教育都會要求你達到一定條件才能開心，比如，考試 100 分，做個聽話的孩子，等等，最後使人的負擔越來越重。同時還有一些因為父母對孩子的不重視，或工作原因與孩子接觸較少，這種忽略也會造成孩子缺乏關愛和自信肯定的培養。

2. 他人對你的評價（你在他人眼中的形象）

年幼的你，三觀還未成熟，父母、老師對你的評價會直接影響你的價值感。比如：父母要求嚴厲，即使你考到 98 分的好成績，他們也不會誇獎你，鼓勵你，而是告訴你，不要驕傲，要思考那 2 分是怎麼丟的。他們這樣的行為有可能傳承自他們自己的父母。這種過於苛責的行為，日積月累會讓你成為一個過分追求完美的人。這個世界上沒有什麼事物是絕對完美的。太過刻意追求，自然會有壓力，當你承受不了時，焦慮感會影響你的身心健康。這也讓我們從本來的開朗天性逐漸變得謙虛謹慎起來。

從小到大，在這樣的環境下長大，你也漸漸地習慣了，需要對方的評價、認同，你才能確認自己的價值感。如果對方對你是負面評價，而他攻擊的點又是你很在意的地方，如外貌、學歷、家庭背景等，如果你自尊心強，還會和對方爭辯。

人有兩套評價系統：一套是自我評價系統；另一套是他人評價系統。未成年時，更多地依賴他人評價；心理成熟後，更加相信自我評價。過於在意別人想法和評價的人，自我評價系統弱小，就會顯得不夠自信，或者自信都來源於外界。這種追求外在條件認可的自信，也並非真正的自信，一旦條件不具備或消失了，你就會手足無措。

3. 生活中的各種挫折（學習、事業、愛情等）

有了前面的鋪墊，你現在自信心非常脆弱，俗稱玻璃心。你對各種困難對你產生的挫折感的抵抗力是很弱的。類似於，在你已經千瘡百孔的小心臟上，又多插了幾刀。最常見的就是愛情上的挫折，自信心缺乏的朋友，在異性面前，不容易放得開。你本來只是想表現得更好，卻會適得其反。學習、工作是你天天都在使用練習的，再不擅長，時間久了，怎麼也能熟練了，即使做砸了，大不了換個工作，工作相對容易找。而戀愛則不然，由於自卑的人很需要外界認可，而缺乏自信，某種程度上就是缺乏魅力和吸引力。

以上因素的日積月累，會讓你的思維模式都處於較為負面的狀態。常見的就是遇到一些挫折或壓力，就容易放棄，退縮，逃避。曾有人想改變，已經下定決心來參加我的課程，但他的負面情緒一旦復發，就會萌生退意。

總之，內向者之所以不自信，尤其是後天內向者，和他們的成長環境與教育經歷有密切關係，基本上內向和自卑兩種狀態是同時受到影響的，有可能是先變得內向，然後影響了自信心，以致變得自卑；也有可能是因為遇到使自信心受挫的事情太多，從而導致性格逐步內向。

第二節
自信的真正來源

依稀記得小學二年級有節課，老師讓全班的同學每人上
臺講一個故事。其他同學都順利完成了，輪到我時腦子卻一
片空白，說了個開頭就開始混亂，最後，我結巴到前言不搭
後語無法講完，被老師奚落之後，逃竄回座位。

此時，畫面黑白，老師的聲音形成回聲，在我腦海中
迴盪。

「連個故事都講不好！」

「連個故事都講不好！」

「連個故事都講不好！」

……

老師當時的這個批評，成了我童年的一個陰影。而這個影
響，至少延續了二十多年。這應該是我能想到的有生以來第一
次、感到非常打擊自信心的時刻，也讓我從此恐懼當眾演講。

好萊塢電影裡的主角關鍵時刻就會進行一段慷慨激昂的
演講，激勵低迷的士氣，團結一切可以團結的力量，最終獲
得勝利。每當看到這樣的情節，我也會感同身受，主角就是

厲害，就是懂得如何激勵他人，那種充滿自信的話語和肢體語言，讓你真真切切地感受到，這樣厲害的人物，內心真是強大。我也想成為那樣的人。如何才能像他們那樣呢？我嘗試過，模仿他們的說話語氣、姿勢動作，但總感覺有點畫虎不成反類犬。我陷入了迷茫，自信心也越來越受打擊，也導致我很長一段時間當眾表達都處於很自卑的狀態。

那是什麼影響了我的自信呢？自信真正的來源是什麼呢？是提升了當眾演講的能力就自信了嗎？提升了溝通能力就自信了嗎？我發現大部分人的不自信，主要展現在人際交往的過程中。

自信與自卑的人在人際交往中有以下差別。

◇ **自信的人**：喜歡交朋友；**自卑的人**：害怕交朋友。

◇ **自信的人**：笑容燦爛，惹人喜愛；**自卑的人**：愁眉苦臉，惹人嫌棄。

◇ **自信的人**：與陌生人容易打成一片；**自卑的人**：碰見陌生人，容易嘴笨。

◇ **自信的人**：可以談笑風生，話題聊不停；**自卑的人**：容易冷場，成為聊天終結者。

◇ **自信的人**：遇到他人否定，可以四兩撥千斤，高情商化解；**自卑的人**：遇到他人否定，容易因羞愧、焦慮而選擇逃離現場。

　　自卑的人，更在意別人的看法，容易放大外界的評價，使內心產生更大的焦慮感。

　　這裡說說我身為一個曾經的內向者是如何變得自信的故事。

　　我在 10 多年前，在面對一些溝通社交場景時，表現很不好。我印象深刻的一次是，參加一個朋友的朋友舉辦的家庭聚會，據說有很多好玩的活動，有很多帥哥美女參加。聽上去感覺不錯，就興沖沖地去了，但到了現場，見到很多都是不認識的人，且他們都是三三兩兩地圍成一個小圈子，想插話插不上，沒辦法加入其中，然後緊張情緒開始蔓延，越來越放不開，害怕對方給予負面的反應，否定自己。見到比較熱情的帥哥美女，又開始內心戲，害怕對方不理會我，感覺對方很受歡迎的樣子，我這麼默默無聞，最後連主動開口說話的勇氣都沒有了。尤其是見到比較漂亮的女生，就特別容易緊張，內心有很多話想說，每句話都會在腦子裡不斷地反覆過濾、篩選、修改，生怕說出來不夠好，就算有想好的，也會卡在喉嚨裡出不來。後來乾脆躲在角落裡發呆，最後逃離現場，還給別人留下一個內向老實的印象。之後再遇到類似的活動時，都很糾結到底要不要去參加，即使勉強參加，多半也是敗興而歸。會感覺和不熟的人聊天時，始終放不開，不知道該說什麼。

經歷過好幾次這樣的狀況後，我痛定思痛，覺得必須要改變這種狀態，不然沒法交到朋友，沒法結識一些有趣的人。於是就開始學習各種提升自信、溝通、社交的方法，參加過演講培訓班，參加過很多社交活動，我記得曾有一年的每個週末，都至少出去參加兩次聚會活動，各種類型的都會參與，德州撲克、讀書會、桌遊、酒吧、KTV、烤肉派對、重要假日的熱鬧活動等。

經過一年左右的學習、訓練、反思，我發現自己已經不再社交恐懼，也能和陌生人輕易地聊起來，類似於跟著一個武林高手貼身訓練了一整年，然後脫胎換骨大功練成的感覺。原來變得自信、會聊天也沒那麼困難。

一、每個人都會自卑

自卑感主要和我們從小的成長經歷有關係，父母、老師、同學、朋友、長輩對我們的態度，都對自卑感的形成有直接的影響。亞洲國家的教育大環境，大部分家庭都是要麼管教嚴厲，要麼就是忽視，缺乏關愛。這兩種教育，都容易讓你自信心受挫，打擊你的自我價值感，這就是很多人自卑感的來源。過分嚴厲，容易導致你自己過於追求完美，過於苛責自己，過分在意他人的看法；被忽視，容易導致自我否定，患得患失。也有開明鼓勵性的教育，但所占比例比較小。

有些人隨著年齡增加及成長環境的變化，自卑感也會隨之受影響。比如，到大學，或到國外留學後，就減少了管束，完全放開了。

我在傳統亞洲家庭環境中長大，成長過程中缺乏足夠的鼓勵與開明的教育，父母也是忙於工作，會存在不夠關愛的情況，不過在我上高中、大學後，不再是嚴厲的教育，因此獲得了相對自由的個性發展。

我在過往社交中，認識了一些美籍華裔。他們表面和一般中國人沒區別，但他們的中文程度就像我們大部分學了 10 多年英語那樣，處於很爛的狀態，自幼受美國文化教育影響，三觀、人際關係都很西化，也就是典型的香蕉人 [002]，所以他們的思維方式就非常活躍，人際交往非常放得開，很容易自嗨，完全沒有中國人慣有的含蓄內斂，每每和他們相處交流時，都非常歡快。

其實優秀的人也會有自卑感，比如，在他不擅長的方面。你可能只看到了對方最優秀的一面。所以，你不必有自卑感。有自卑感不要緊，重要的是要學會透過高效學習進行自我提升，用「補償心理」找到自己的「天賦優勢」，轉化為動力，來增加自己的優越感，抵消掉自卑感。

---

[002]　指海外華人移民的第二代、第三代子女。

■ 二、每個人都可化自卑為力量

在人的內心，自卑感與優越感會同時出現。「補償心理」是人處於自卑狀態時，為了避免自我完全失去心理平衡而產生的一種內在改變動力。利用補償心理，增強自我價值感，就能讓自己變得更優秀。很多朋友在遇到挫折時，除了情緒低落沮喪外，也會同時產生改變這種困境的願望，這時你可以把這種情緒轉化為動力，來實現補償效果。也就是俗話說的化悲憤為力量。你透過後天努力，獲得了某些成功，比如，只是比你的同齡人、同學更厲害了一些，你的優越感就會油然而生，你會因此變得自信。更不用說賺了很多錢，成為名人，改變了自己的社會階層。例如，你成為中國首富，你會認為自己無所不能。有錢真的可以為所欲為，可以請十幾個功夫明星給你做配角，然後一一被你打敗。

補償有以下兩種方式。

第一種：強化你的劣勢。有很多知名演說家，在成為演說家之前，要麼口吃，要麼內向自卑。古希臘演說家狄摩西尼，以口含石子在海邊練習演說終成演說家而聞名。邱吉爾（Winston Churchill），從小口吃，但他沒有放棄，透過種種努力，成為知名演說家，而且同時還成為英國歷史上最偉大的首相。有部奧斯卡獲獎影片《王者之聲》，講述的是有童年陰影的喬治六世國王（George VI），一直患有口吃，

在專家的指導下，經過刻苦訓練，最終克服了恐懼，成功發表了二戰著名演說，給英國軍民奮勇抗敵的決心帶來了很大鼓舞。電影中，邱吉爾與國王見面的鏡頭，也透露出了邱吉爾身為曾經的口吃患者，深知其痛苦，所以很支持與鼓勵國王。

第二種：練就你的超強技能。很多身體殘疾的人，已經無法改變外觀，就轉向從事腦力工作。最知名的就是隻能坐在輪椅上，用機器輔助說話的霍金（Stephen Hawking）。他 21 歲患了肌肉萎縮硬化症，全身癱瘓，不能說話，只有 3 根手指可以活動，但他並沒有放棄人生，而是轉向做科學研究。

沒有手腳的演說家尼克・胡哲（Nick Vujicic），出生就沒有四肢，但他父母和他自己沒有放棄，透過自己的努力，完成了學業，並開始了他傳播人生不設限的充滿正能量的演講生涯。

還有一位叫乙武洋匡的日本作家，他也和尼克・胡哲一樣，也是先天沒有四肢，也是透過努力讀大學，出書。

以上這三位都是透過增強其他能力來補償自己，讓自己變得更強大。如何利用補償心理來提高我們的自信溝通能力呢？你除非要隱居，不然不可能不和人打交道。人際交往是身為社會人必要的技能。你不必成為社交達人，不必變成自

來熟、很外向。但你至少需要掌握在必須社交時不怯場、可以應付自如、可以和別人暢所欲言、交朋友的能力。

所以，我的建議是兩個補償方向同時進行。透過學習訓練，強化弱勢專案，即「溝通社交能力」的同時，也在其他方面進行補償，以使整體「自我價值感」獲得提升。你可以發展一門專長，並成為這方面的高手，甚至是專家。比如，你喜歡唱歌，但你還唱不好，那就去專門參加培訓學習，唱歌是在社交時比較用得到的一項才能展示。在 KTV 裡能唱得好，在聚會時你能透過表演來活躍氣氛，就更容易獲得他人的喜愛。你也可以發展其他自己既有興趣，同時還能給人帶來價值的技能，如 PPT、照片修圖、攝影、英語、寫作等常用技能。

三、每個人都有天賦優勢

有本書叫《現在，發現你的優勢》，是講一套識別個人天生優勢，並將其發揮為才幹的方案，最終目的是將才幹變為優秀的工作表現。一言以蔽之，挖掘出你的天賦優勢，並加以利用，會比你去花時間練就一個不是你天賦優勢的能力，要更容易讓你成功。假設你是一隻獵鷹，你的天賦就是翱翔天際，那你為什麼要去研究如何像海豚一樣在海中游動呢？當然，你到底是獵鷹、海豚，還是其他什麼生物，就需要一些方法或工具來協助你進行自我鑑別。發揮天賦優勢雖

然和補償心理類似，但區別在於，你補償加強的是你本來就有的能力，你可能只是沒發覺，或忽視了它的存在，以致浪費了你的天賦。就好比，一個兩米高的人，先天就有可以打好籃球的天賦之一，當然要打好籃球還需要靈活性、意識、肢體爆發力等，但身高是籃球運動中一個非常突出的優勢，如果你有打籃球的興趣，又有這個天賦，為什麼不用上？雖然例子比較極端，但我可以告訴你的是，每個人都有某種天賦，你需要先找到它然後再利用它，這種情況下你想建立起自己的自信相對會不那麼費力。

《現在，發現你的優勢》這套方案的核心有 34 個主導「主題」及其成千上萬的組合，讀者透過測試、講解，可以了解如何最有效地將自己的優勢和才幹轉化為個人和事業的成功。後來，我陸續發現，要想更準確地了解自己的優勢，還可以做 MBTI、DISC、大五人格等多種性格與能力測試。這些測試，都可以拿來作為了解自己的天賦、優於別人的地方的一個參考。至於最終怎麼走你自己的路，需要自己去選擇與實踐，踐行到一定程度，你才會明白自己到底適合做什麼。

▌四、每個人都可以提升多維度能力

你在某一項能力還不錯的基礎上，學習一些新的強技能或輔助技能，這些會附帶增強你的主力技能。比如，你是學

資訊的，你程式碼寫得不錯，但你不擅長與人溝通，不會高效地傳遞你的想法，致使團隊工作效率低下。溝通表達技能就是你需要加強的。例如，我要教別人如何變得更自信、更會溝通社交，但如果我不擅長寫作，就無法把自己的理念透過文章或書籍傳播出去，以使更多人知道。如果我不學習演講分享，就無法深入淺出地給大家進行講解。

為了讓學員能學到更多內容，我不得不學習更多知識，如果不會高效閱讀、整合知識體系，就無法把輸入轉化為他們能通俗易懂的課件。你在擁有某些特殊技能的前提下，同時透過文章、音訊、影片等媒介傳遞出自己的價值，並最終吸引到認可你的粉絲，你就變成了一個知識型網紅。找到你的天賦，並加以修練，使其成為你的標籤，同時掌握一些輔助技能，讓自己的能力多維度發展，你就不用再羨慕別人多優秀多厲害了，因為你知道自己有超越別人的殺手鐧。

▌ 五、自信的真正來源

提升能力帶來的優越感、成就感可以抵消自卑感。但從我的實踐與教學經驗來看，只提升能力遠遠不夠，部分自卑的人因為長期處於負面消極思維情緒中，已經形成了慣性，形成了類似於肌肉記憶、條件反射、本能反應的狀況。

他們常常會出現一種情況：當用我的方法訓練一段時間

後，的確發生了變化，人變得自信了，也開始能說會道了，
於是就停止了學習與訓練，直到某一天他遇到了新的挫折，
如失戀，整個人的自信再次受到打擊。

這就意味著，花了一兩個月的時間發生了改變，他就以
為徹底變好了，可這就像減肥一樣，如果你透過科學的健身
與改變飲食習慣使減肥獲得成功，於是開始鬆懈，就又回到
以前大吃大喝、停止鍛鍊的狀態，被打回原形是自然而然的
事情。要想讓減肥成功的效果得到保持，至少需要維持一個
最基本的運動與飲食的習慣。

自信也一樣，需要在改變後持續進行訓練累積，使之成
為你的生活習慣。消極負面的思維，其實是一種從遠古時期
進化而來的自我保護機制，是為了避免你陷入不必要的危
險。原始社會洪水猛獸較多，但隨著時間的推移，現代已經
不存在這樣的危險了，可保護機制還印刻在我們的基因裡。
但這種保護機制現在來看是過頭了，阻礙了你去結交更優秀
的朋友、你喜歡的異性，阻礙了你改變自己。你在電視裡看
到蛇，即使沒有任何危險，你的大腦還是會突然警覺起來，
這是一種自動化思維。

自我保護機制就是一種自動化思維模式，自卑的人容易
出現條件反射性的緊張、患得患失、在意他人看法。

在這種情況下，光提升能力無法徹底消除自卑感，還需要配合積極自信的思維與能量管理。

在我的自信溝通理論裡，人要做到真正的自信，需要生理狀態、客觀自信、主觀自信這三方面互相配合（見圖2-2）。

迎刃核心自信

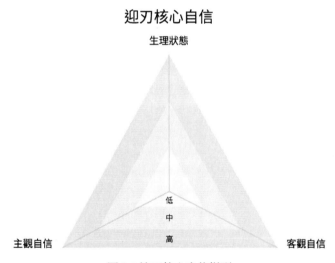

圖 2-2 迎刃核心自信模型

生理狀態長期處於焦慮情緒的人，容易失眠、精神狀態差，這會直接影響工作、學習、人際交往等的效率。生理狀態好，可有效提高整體自信，尤其是溝通時的自信程度。

客觀自信，就是透過補償心理與發揮天賦優勢來獲得能力提升、成功經驗累積，同時提升優越感，影響主觀自信。

主觀自信，就是學會消除負面思維，提升積極正面思考的能力，學會用理性情緒來應對遭遇的挫折。

三者形成的面積的大小決定了你的整體自信的高低。

透過圖 2-2 可知，三方面都達到一個較高水準，即可讓你的自信程度處於綜合較高的狀態，如果只關注其一或其二，則又失之偏頗。這就像人的飲食應該營養均衡，不能為了減肥而不吃肉，也不能為了貪圖享受而偏食，不吃素菜水果。

還有一點需要注意，我們無法做到 100% 自信，但可以向 100% 的目標無限前進。同時人的狀態會隨著歲月的累積而產生變化，有可能變得更好，也有可能會退步，所以你需要提高到足夠高的水準，即使是退步也不至於退到及格線以下。

這裡列了七種自信狀態的雷達圖（見圖 2-3），其面積大小顯示出綜合自信程度的高低。例如，假設三項數值各項滿分是 10 分，你透過學習訓練各方面素質都達到了 6 分，雖然你已經比你在改變前的平均 2 分要高出很多，但畢竟只是剛及格，還處於不夠穩定的狀態，那你如果遇到挫折打擊，或其他變故，自然會產生退步，那你就會產生被打回原形的感覺。

自信的真正來源，就是生理狀態、客觀自信、主觀自信這三方面的綜合結果。

迎刃核心自信理論，是幫助你破解過度自我保護機制的
關鍵，是幫助你變得自信的武器。

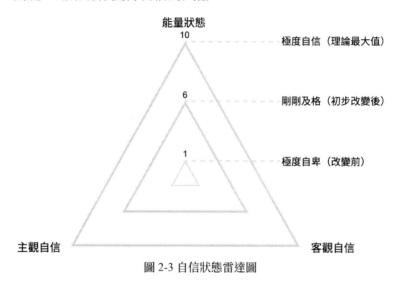

圖 2-3 自信狀態雷達圖

第三節
有錢又帥又美就不自卑了嗎

有錢了是不是就可以變得自信？這是我常常聽到的自卑者問到的一個問題。

他們是這樣說的：

「我要是有錢了，我就不自卑了。我現在就是太窮了。」

「我的自信只能維持一段時間，然後就會消退，我感覺只有變得有錢，自信才會持久。」

「我現在月薪 10 萬左右，但感覺還是很缺錢，我是金錢自信症患者吧。」

可能有人會問，這難道不對嗎？在這個到處講錢的社會，難道不是有錢就可以自信嗎？這個大眾普遍的認知，在我看來，只對了一半。因為，我也見到過很多家庭環境好、高大帥氣的男生或是美麗富有的女生，在私底下透露自己不夠自信的案例。

案例 1

一個在英國留學海歸的女生，母親是大學老師，父親是處級幹部，面對一般的追求者，她都是一副高冷的狀態，愛理不理，但她在面對自己真正喜歡的男生時，卻異常心虛，因擔心對方會嫌自己的某方面不夠完美而感到不自信。

案例 2

阿明是個家庭環境、經濟、自身條件都不錯的男生，金融行業，有車有房，過去一直都很內向，直至開始做與銷售相關的工作後才慢慢開朗起來，感情經歷簡單。

在認識了一個女生後，發現對方對自己態度也不錯，就開始主動發動攻勢，希望透過送各種貴重禮物，甚至打算送名車來快速確定兩人的關係。但對方也是經濟條件不錯的女生，並不貪慕虛榮，因此沒有輕易接受。阿明一廂情願地認為對方是自己的真命天女，害怕沒把握住會遺憾終生。但越想表現自己就越容易搞砸，在互動過程中，阿明慢慢不自覺地開始低姿態地討好，這反而引起了女生的抵抗心理。女生越是拒絕，阿明就越急於想得到，他漸漸地陷入了進退兩難的境地，對人家主動示好，擔心對方嫌煩，不主動，又擔心關係會慢慢冷淡。

為什麼在外人看來高不可攀的人，私底下卻是這種樣子呢？為什麼有錢又帥又美卻不一定自信呢？

案例 3

小何總被其他人說氣場太弱，不夠男人。據他回饋，由於小時候家裡條件不好，一直處於資源比較匱乏的狀況，再加上成長過程中遭受過諸多負面影響和打擊，整個人一直都比較自卑。後來在一個小城市工作，雖然透過自己的努力升任管理職位，收入過十萬，且已婚，但他內心始終有個聲音在告訴自己：你是個很沒底氣的人，外強中乾，雖然經濟條件已經改善，但始終覺得自己還是很缺錢。

你如果也和這位「努力男」一樣，沒有挖掘出自卑的根源，即使透過努力或運氣使外在的經濟條件獲得了改善，你依然會感到不自信。大部分普通人的傳統思維觀念裡，已經給金錢與自信畫上了等號的烙印，而事實並非如此。

案例 4

多年以前，我因為連續創業波折不斷，虧了很多錢，同時每天又要花很多錢，原來累積的資金在一天天消耗，最後帳號上只剩下不到 15 萬元，當時在大城市的生活成

本每個月最少也要 15,000 元。

　　當時，我最常見的狀況就是焦慮，會擔心如果做不了這個事情，把錢都虧完，會如何如何，總之當人處於焦慮狀態而無法排解時，時間久了就會影響精神、睡眠、工作效率，降低幸福指數，如果想不開，很容易形成憂鬱症。幸運的是，我之前已經掌握了核心自信的理念，因此這種焦慮只是讓我感到難受，卻沒有打擊我的自信心。因為我清晰地知道，人的自信並不完全來自於外在或錢，而根植於內心世界。我的處理方式是：創業不成功，就要找到問題根源，以解決它，不會讓不成功的事情、焦慮的情緒影響自己的內心，同時積極地排解焦慮讓自己放鬆。最常用也最有效的方法就是運動跑步、到公園河邊散步、做一些自己喜歡又輕鬆的事情。運動可有效排解因為焦慮而在肌肉裡產生的壓力激素，做輕鬆喜歡的事情，可以讓大腦產生多巴胺。

　　當然要想徹底解除焦慮感，還是要解決賺錢的問題。最後，我發現要想創業成功，除了要實力強大外，還需要天時地利人和，再加上一些運氣。把有錢等同於自信的人，你即使賺到錢了，也不是就真正自信了，而是「條件自信」。

核心自信與條件自信是兩種完全不同的自信狀態。

1. 真正的自信來自於內心的強大

內心強大就是擁有核心自信，不是自負，也不是自戀。

核心自信，是比一般意義上的「自信」更加強大的狀態。核心自信不是偽裝出來的自信，也不是根據外在條件而有的自信，而是從內心散發出來的強大的能量狀態。核心自信是不依賴於外在條件的自信，不受外界過多影響。

這種強大的自信，不是傳統意義上的唯心自信，而是基於積極正面的自信思維，同時在大量客觀成功經驗的累積基礎上綜合而成的自信。在前一節裡已經有詳細敘述，可以反覆閱讀。

2. 外在的條件自信

所謂條件自信，就是只有滿足這個前提條件，你才能讓自己具備自信的狀態。如果你非常看重「錢」，有錢就是你的條件自信。就好比，你每次必須按一下開關，你才自信，如果你沒辦法按開關，那你就處於自卑狀態。如果你堅信有錢才自信，那假設，你幸運地賺到了錢，並開始「自信」，如果突然有一天你破產了，那你的「自信」是不是就又消失了呢？你的自信如果依附於外在的金錢，會非常脆弱。

很多人認為有錢就會自信，其實只是部分滿足了「客

觀成功經驗累積」，即「客觀自信」維度裡的一部分，客觀自信裡不光只有錢，還可以有各種技能、各種實力，就好比一個紈袴富二代，除了會敗光自家財產，其他賺錢方法都不會，那是不是總有一天也會落魄，那到了破產之日，是不是也是他從自信變成自卑的日子？如果你只解決這方面的問題，那某種程度上就是「條件自信」。

與有錢相類似的條件自信例子有：我長得太矮，我喜歡的人都比我高，很沒自信，如果我長得高一些就好了；我長得醜，沒人喜歡我，我整型變好看才自信；我現在條件一般，我要讓自己變得更好，才能找到自己喜歡的對象；我覺得有車有房才能娶到老婆。

如果世界上的人都依賴於這些外在條件才能自信，那就不用生存了，因為大部分人都不完美。

那如何做到不依賴外在條件而建立自信呢？

在建立核心自信之前，你需要更詳細地了解什麼是「條件自信」。

條件自信主要分為四種：大眾價值觀、裙帶關係、特殊技能、角色扮演。

「迎刃自信狀態金字塔理論」（見圖 2-4）簡稱「自信金字塔」，視覺化顯示採用不同的提升自信方式使自信狀態產生改變的程度。大眾價值觀、裙帶關係、特殊技能、角色扮

演都屬於條件自信，需要具備一定的前提才能變得自信，並且自信狀態不持久。

（1）條件自信之大眾價值觀。當我 20 歲出頭，意識到我需要讓自己變得自信起來的時候，最先想到的就是改變自身外在形象，使自己的扮相帥氣一點。於是，在資訊匱乏的年代，我把當時能找到的男性時尚雜誌買了個遍，根據裡面的造型，買了價格相對低廉的搭配，剛畢業沒什麼錢，只能講究性價比。

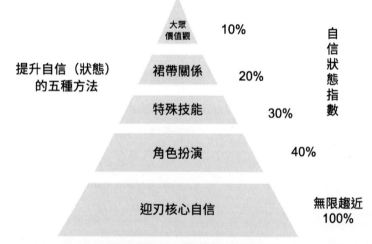

圖 2-4 迎刃自信狀態金字塔模型

裝扮好後在鏡子面前一站猛然發現，比自己之前資訊宅男的形象有了很大反轉，我成了當時的資訊型男。我發現自

己比其他資訊同事更有型、更時尚，優越感油然而生，自信心陡增。

可遇見一見鍾情的女生時，我又被打回原形，在她面前會莫名地緊張，大腦裡不斷地自我過濾要說出來的話，越篩選越說不出來，患得患失，想贏怕輸，別人給了機會，卻讓自己搞砸了，悔恨、遺憾、糾結。

我這時才意識到，自己的自信非常脆弱，像一個光滑的蛋殼，一敲就碎。直到後來我知道了「大眾價值觀」這個概念，才明白我脆弱的自信來自於這裡。

大眾價值觀的自信，是指你透過判斷自己是否符合大眾價值觀的標準，來決定認為自己的自信是高還是低。比如，你今天買了一件新的襯衫，穿上身非常帥氣，你的自信就會變得高一點；又比如，今天你買了一輛車，成了有車一族，就會幻想有車了就可以載著女生去談戀愛，你的自信會更高一點；再比如，你今天買了一間房子，自信更高了，因為你終於有資本對未來岳母說你是有房一族，當然幾十年房貸的壓力另算。

因為大眾價值觀告訴你：有車有房是好事情，是高價值的表現；穿好看的衣服是自信的表現。

如果你滿足了這套要求，你就符合了大眾價值觀的標準，自信就變高了。也正因此，各種明星代言的廣告裡的潛

臺詞都是在告訴你：用了我的產品，你就自信了，你就厲害，快來買吧。

幾年前，陳冠希代言的某個男士香氛，類似於去除體味的產品。廣告賣點是：只要用了我的香氛，可立刻變成型男，這種香味可以瞬間吸引美女。但實際上大家都知道，這是不可能的，如果真有這樣的產品，絕對會暢銷。

這種自信能持續多久？一件新襯衫新鮮感的自信，大概也就能持續幾天到一星期左右。一輛車、一間房帶來的自信時間會更長一些。一般來說，價值低的持續時間短；價值高的，持續時間稍長一些。

（2）條件自信之裙帶關係。現在的社會是人情社會、關係社會，如果你有關係，可以走後門，節約時間、成本，加快效率。人在這樣的大環境下，也就慢慢地習慣於依賴群體。

我以前參加社交活動，如果沒有和朋友一起去，就會感到沒有安全感，害怕一個人勢單力薄，萬一發生什麼事，沒有人照應，久而久之，獨立性就慢慢變弱了。到了陌生人多的場合，我發現只要當時狀態不好，就很容易躲在角落裡，默默地玩手機，不敢和別人打招呼，不懂如何融入一個新環境，時間一長就會越來越覺得沒意思，索性就在家裡宅著。而如果有人主動熱情地找我聊天，我也會慢慢地放開自己，

能聊一會兒，但也僅限於周圍的幾個人。如果有自己的朋友在場，尤其是那種比較放得開、能量氣場很足的人，我就會容易被帶動起來，但如果下次沒有這個朋友在，就又會被打回原形。

這讓我意識到，在社交時的狀態很依賴於周圍人的反應和帶動，所以裙帶關係也是提升自信的一種方法。

（3）條件自信之特殊技能。我相信每個人或多或少都擁有某種技能，或在某方面相對擅長和有經驗，並在使用這種技能時會感到有自信。

有一次，我們一群朋友聚餐，其中一個人是朋友的朋友，連名字叫什麼我都不記得，因為很沒有存在感，吃飯時都沒說話，非常內向。飯後娛樂是唱 KTV，在進入包廂後，我發現這位朋友立刻變身麥霸，踴躍地點歌並唱了一些比較豪邁、激昂、高難度的歌曲。我能感受到，KTV 變成了他的主場，唱歌是讓他展現自身價值的特殊場合，幾曲之後他也明顯話多起來。後來再次遇見時，發現他日常就是一副內向不愛說話的狀態，當我主動問他為什麼會這樣時，得到的答案是，其實他的內心非常想主動溝通表達自己，但就是不懂方法，感覺有心無力，而自己在唱歌時可以放得開，所以就會容易多說話。

所以，這位朋友是無意間藉助了條件自信中的「特殊技

能」，才讓身為內向者的自己有了勇敢表達的機會。他只不過是無心插柳地在使用，卻沒辦法徹底改變。

另外一個例子，在某論壇上，有人發了一個累積與異性聊天慣例的文章，有幾十頁的回覆。文章主旨是呼籲網友把自己碰到的異性刁鑽問題，以及應對「標準答案」發上來，供大家學習背誦，以備不時之需。

雖然真能讓不懂聊天的人至少能說出話，但這是在背臺詞，而不是真實的情感交流。因為這是把「理性思維」錯誤地套在本應該是「感性思維」的溝通交流上，這種錯位導致的結果，會讓人變成冷冰冰的聊天機器人，就像 SIRI。你發出一個含有某個關鍵詞的問句，對方會自動在大腦裡搜尋背過的可能匹配答案然後輸出給你。殊不知，這只能騙騙不諳世事的小女生，而稍微有些社會閱歷、社交直覺，第六感很準的女生，一眼就會看穿你的把戲，能感覺到你的不正常。更何況有些「天資愚鈍」的人，根本背不了大量的慣例庫，因為人是活的，說話內容千變萬化，不太可能每次都會有所謂的標準答案，而應該是掌握聊天的本質靈活應對。類似的特殊技能可以臨時性地提高自信狀態，卻有副作用。

（4）條件自信之角色扮演。有人發現偽裝成專業人士可以比較快速地吸引到一些異性的注意。比如，你只是個普通上班族，透過服飾造型打扮成了社會菁英，到了酒吧裡就

把在網拍上買的模擬法拉利車鑰匙丟在桌子上顯擺。這種方法的確可以騙到一些人，這也正好證明他是缺乏自信、安全感的，要知道這並非是真正的自信，而是只有偽裝成另一個人，才有自信去做一些事情。

是偽裝就會有被揭穿的一天，並且無法打動質感與層次都比自己高的異性。不真實的身分，一旦回到現實生活狀態，就會又變得不自信。由於在扮演角色和真實的自己之間來回徘徊，久而久之，人格也會變得分裂，分不清到底哪個是自己。你在公司裡處在管理層，很多人都要聽命於你，你在他們面前很自信，因為你有權力。如果你碰到同行，雖然層級比你低，但他們不是你的下屬，你還會有相應的自信嗎？

（5）突破舒適圈，不斷提升自我。大眾價值觀、裙帶關係、特殊技能、角色扮演這四種基本上都可以用錢來解決，所以又回到了本文開頭：有錢就能不自卑嗎？問題是有錢還好，那沒錢怎麼辦？這些都無法長久，無法提升自己的內在價值。

我們要真正提升自己，讓自己的核心自信增強，不用再擔心因內心的脆弱而過度依賴條件自信。

對待條件自信的態度應該是：並不是完全不採用，而是應該採取「不依賴」的態度。

當你的內心還不夠真正強大時,需要先用一些「條件自信」來慢慢累積成功經驗。就好比,你父母對你再好,再寵愛,你在還未成年並經濟獨立之前,還是需要他們的幫助的,但你不可能依賴他們一輩子,你需要「獨立」。而「不依賴」條件自信,就是獨立的表現。

如果一個人只有主觀上的自信,那不是真正的內心強大,而是自負。自負,就是過高地猜想自己。人的自我意識主要包括三個方面:自我認知、自我意志和自我情感體驗。人評價自己,要靠自我認知,有的人過高地評價自己,就表現為自負;有的人過低地評價自己,就表現為自卑。

自負,往往以語言、行動等方式表現出來。俗話說:「人貴有自知之明。」無知有兩種表現:一是盲從,二是狂妄。自負,有時表現為狂妄。

心理學家班杜拉(Albert Bandura)提出了在社會學習理論中的自我效能感(self-efficacy)的概念。自我效能感,指個體對自身成功應付特定情境的能力的估價。自我效能感關心的不是某人具有什麼技能,而是個體用其擁有的技能能夠做些什麼。

人在主觀上進行自我暗示、思維方式的改變,同時也需要透過實際的大量行動,進行失敗、成功等經驗的累積。客觀的結果都會增加你的實力,會反過來促進主觀上的思維變

化。尤其是你獲得成功經驗時，你的大腦有一個「獎賞機制」會對你進行獎賞。例如，當你成功透過一項較難技能的考試，比如汽車駕駛，你會感到，自己原來程度還不錯，尤其是看到一起學習的同學，有人多次都未透過考試，你會有優越感。你有了錢，可能就會想要更有錢，想要更多認同、更多權力，人的慾望是無窮的。當收入增加超過一定的溫飽線後，幸福指數不會隨著金額的增高也大幅度增高。

　　自信也一樣，你能多賺錢，說明你有了更好的生存手段，但如果你沒有去修練你的內心，不懂如何應對比你強勢的人、你喜歡的人、對你有惡意的人等情況，你的內心依然不堪一擊。核心自信的好處，就在於當你不斷地修練累積後，你的自我評價和自我認可都在增強，你的自信心不容易再受到外界的影響，也不再容易遭受別人的打擊，你會變得更獨立。想要真正的核心自信，請在賺錢的同時，提升你的自信思維，別再被「金錢自信論」所迷惑，只有內外兼修，才能讓你的內心更強大。

第四節
內向者如何克服社交焦慮

在網上看到一則關於一位女生因為社交恐懼，而有四年時間不敢上班的新聞。

小芳在她 25 歲那年因為痛苦的經歷，導致不敢與陌生人交際，以致辭掉了工作，宅在家中達四年之久，沒有任何朋友，缺乏最基本的人際溝通，直到接受心理諮商後，才了解到自身問題的根源，並透過治療逐步擺脫了社交恐懼。

起因是她 20 歲時，無意間看到表哥的生殖器，她很自責自己不應該看到這些「骯髒」的東西，她被嚴重的自責情緒刺激，害怕接觸異性。到了 25 歲症狀嚴重惡化，整個人也變得非常內向直至無法外出工作。

究其原因，她的父母從小對她的教育過於嚴苛，如果不順從就會受到責罰，迫使她形成了追求完美、避免犯錯的行為習慣，這種習慣過度反覆放大，不斷刺激，導致形成了條件反射，直至形成了內向、同時又避免犯錯受罰的追求完美的性格。

小芳受到表哥的刺激只是一個誘因，但這個誘因導致她產生了社交恐懼。也就是說，你的社交恐懼誘因可能和別人

不一樣，但導致社交恐懼的前提情況是類似的。很多內向者不一定有社交恐懼，但如果內向者受到過嚴重的負面情緒刺激誘因，再加上曾經的負面成長經歷，也很有可能會導致社交恐懼。

一、社交恐懼症

社交恐懼症也稱為社會焦慮症，特徵是在日常社會情境中感到壓倒性的焦慮，以及擁有過度的自我意識。他們對於別人的眼光和評價有著持續激烈和長期的恐懼，同時對自己的行為感到窘迫和丟臉。這樣的恐懼十分嚴重，以致干擾到了他們的日常工作、學習及其他生活。雖然這個群體中的很多人能夠認識到，他們對人的恐懼可能過於極端，或者不合理，但卻無法克服，由此常常感到自卑或者憂鬱。這也是部分朋友變成後天內向的其中一個重要原因。其身體症狀通常包括過度臉紅、出汗增多、顫抖、心悸、噁心、口吃，或者講話語速飛快。

社交恐懼症也可以僅表現為對一種情況的恐懼，比如害怕進行公開演講或者表演，或者只要周圍有其他人就會感到恐懼。很多人害怕與除了家人以外的人相處，這導致他們沒有朋友。更嚴重者會因為害怕與人相處而無法上學或者工作。

■ 二、社交恐懼體驗

我總結了一下，大多數社交恐懼的場景類型如下。

1. 飯局類

◇ 沉默，低頭猛吃。

◇ 不敢和其他人打招呼。

◇ 與旁邊的人也就是簡單說幾句。

◇ 如要發言做自我介紹，則異常緊張。

2. 聚會活動類

◇ 如果是一個人參加，沒人主動和他打招呼就容易拘謹，慢慢會躲在角落裡，甚至會因覺得沒意思而想逃走。

◇ 如果是和朋友一起參加，只會跟著朋友到處轉，如果他的朋友也不敢和別人搭訕，那就整晚都是和自己人聊天。

◇ 好不容易被其他人拉入一個小團體裡，之後才慢慢活絡。

◇ 加入小團體，還是會以聽別人說話為主，自己很少發言。

◇ 討厭參加活動，寧可在家宅。

◇ 基本沒什麼朋友，最多是和老同學聯繫。

3. 面對領導、高價值人士類

◇ 會內心感到價值不對等，莫名緊張，說話不俐落，或不敢表達。

◇ 擔心自己說的內容對方不認可，不斷地在大腦裡自我過濾，越過濾，越緊張。

◇ 感覺對方氣場強大，把自己壓制住了，以致更加無法發揮。

◇ 在意對方的看法，易受對方的影響。

4. 面對陌生異性類

◇ 偶然單獨或在聚會中接觸到陌生異性，會不知該如何展開話題。

◇ 對方主動攀談也無法聊起來。

◇ 如果對方是高富帥、白富美，會瞬間自慚形穢。

5. 面對心儀對象類

◇ 患得患失，得失心重。

◇ 無法深入展開話題。

◇ 對方否定或反應冷淡，就開始胡思亂想。

◇ 對方明顯對你有興趣，自己卻控制不住負面思維，此言行易被對方看出，進而使對方變得冷淡。

◇ 不敢直視對方眼睛，沒法進行眼神交流。

◇ 更加不敢肢體接觸對方。

6. 共性類

◇ 曾經在社交聚會上出過醜，羞愧難當，不想再遇到難堪。

◇ 盡量避免與人衝突。

◇ 感覺獨處更舒服。

◇ 習慣了網路聊天，面對面溝通就失常。

◇ 恐懼演講，拒絕一切當眾說話的機會。

◇ 遇到比自己優秀的人，就容易自卑。

◇ 討厭人多的地方。

◇ 不好意思討價還價。

◇ 被欺負了，只能忍氣吞聲。

◇ 無限放大自己的缺點。

◇ 認定自己就是不被人喜歡。

■ 三、社交恐懼症產生的根源

1. 遺傳原因

研究顯示，如果一級親屬有這樣的症狀，那麼後代出現這種情況的風險會達到 2 ～ 3 倍。這可能是因為遺傳，也可能是在幼年時期由於父母的心理教育，或者透過日常的觀察學習，產生了對社會的恐懼或者逃避。

一項研究顯示：一對雙胞胎在不同家庭成長，如果其中

一個有社交恐懼症，那麼另一個有 30% ～ 50% 的機率比一般人更容易發生同樣的情況。在一定程度上，這種「遺傳性」不是特定的，例如，研究發現，如果父母有任何一種類型的焦慮障礙或者臨床憂鬱症，那麼孩子更有可能有社交恐懼症。有社會焦慮症的父母往往比較孤立。而如果父母比較害羞，那麼孩子也可能是害羞的性格。在過度溺愛或者高度苛求的環境中長大的孩子，也可能產生這種情況。

2. 社會經歷

以前消極的社會經歷可能是社交恐懼症的觸發原因，特別是那些「人際關係高敏感」的個體。大約半數會被診斷出社交恐懼症的患者，其發病原因及惡化因素是與一次創傷性或者丟臉的事件相關。除了直接的社會經歷，看到或者聽到他人的負面經歷，也可能使社交恐懼症發生。它可能是由於對社會活動的不適應，經常性地被欺負、被拒絕以及被忽視的長期影響所致。

3. 心理因素

實驗表明，人的消極信念會使人更容易有社交恐懼症。例如，「我是無知的」、「如果我展示自己，就會受到拒絕」的消極想法會增強社會焦慮產生的可能性。而對自身行為、他人看法或者負面評價的在意程度，也會產生負面的影響。

　　綜合來看，現在處於這種精神狀態，從心理學的角度就是你對社交這件事產生了「認知曲解」。大部分人的社交恐懼的產生和成長經歷、人際交往經驗有密切關係。

　　很多人在社交過程中可能受到過一些挫折，這些打擊產生了負面的影響，這些影響雖然隨著時間流逝慢慢淡忘了，但它卻印刻在了潛意識裡。比如，當眾出醜，被眾人嘲笑，被某些陌生人欺負了，等等。有研究顯示，我們一般都會過度猜想他人對我們出醜時的關注度，比如，別人對你只是當時嘲笑而已，並非是真的羞辱你，但你會認為別人一直記著這件事情，並經常拿來調侃你。這些事情最終在你心裡留下了陰影，而這個陰影使你的大腦形成了負面的認知。

　　假設你現在很想去認識新朋友，但是你過往的失敗經歷在潛意識裡產生了影響，當你再次要進行社交時，潛意識會想起你此前的負面情緒，這讓你感到很害怕。潛意識在影響你的主觀意識，阻止了你的行動。潛意識是你沒辦法控制的，你只能掌控主觀意識。麥特戴蒙（Matt Damon）主演的《絕地救援》裡就有一個場景，NASA 的發射中心理面有個大螢幕，有很多工作人員，不同的人負責不同的功能控制。你的潛意識類似於發射中心，而「你」就是你的主觀意識，你不知道做什麼可以讓飛船發射成功，但你隨便去亂按，則會把事情搞亂套。也就是說，潛意識實在太強大，主觀意識

無法控制，就好像有些人會不斷地給自己做心理暗示 —— 我要自信，我要自信，我要自信。這會產生一定效果，但只是暫時性的對潛意識的壓制，持續時間不會很長，不會徹底改變潛意識。

四、如何克服社交恐懼並交到朋友

以下方法可以幫助你逐漸克服社交恐懼，並成功交到朋友。

1. 定位觸發焦慮的因素或懼怕場景

找出具體觸發你恐懼或者焦慮的因素，以及你害怕的場景。每個人的社交恐懼的觸發因素都是不同的，儘管可能很多人的因素很常見。透過了解什麼導致了你的焦慮反應，可以以更積極的方式處理這些經驗，這些因素可以是顯而易見的，但有時也可以是隨機的，有時候，做筆記會讓你發現那些常見的因素。

例如：你走進教室時感到焦慮嗎？理科類的和藝術類的不同課程，出現的情況會有所不同嗎？你與同事或者老闆在一起時，什麼情況下會產生恐懼感？平常交流？還是工作交流？你在社交場合感到焦慮嗎？在餐廳或者在音樂會的情況一樣嗎？與一群陌生人和跟親密的朋友一起時，情況一樣嗎？

2. 由易到難制定目標，逐個擊破

根據你分析的觸發因素和懼怕場景，制定目標逐個擊破。將你記錄的觸發因素和害怕的場景進行分類，程度從1～3進行標註。制定一個目標，每週處理一個列表項，從評級「1」的項目開始。從更易於操作的項目開始，能幫助你先建立自信，然後再慢慢嘗試那些更具挑戰性的專案。可能你需要嘗試多次才能獲得成功，但是一定要去做，每次失敗都等於離成功更近了一步。

有社交恐懼症的人往往傾向於「要麼全部，要麼沒有」的方式，比如如果你沒有勇氣與坐在你旁邊的人說話，那麼就意味著永遠的失敗。但是事實上，你需要把大目標抽成幾個小目標來實施。比如如果你認為直接說話比較難，那麼試著從對別人微笑開始；或者你認為直接與別人說話很難，那麼試著從去人多的地方坐著開始。透過不斷嘗試小目標，累積自信，不斷調整狀態，才能更好地嘗試大目標。

3. 緊張焦慮時，尋找放鬆途徑

嘗試那些讓你在面對你懼怕的場景時可以放鬆的東西。如果你在新的環境中感到不舒服、緊張，甚至焦慮，請學習和嘗試那些能讓你放鬆自己，或者能讓你感到舒適的方法。焦慮和緊張並不是什麼不得了的大事，人人都會有，其並不是現實中存在的，而是因你給自己的壓力太大產生的。學會

識別自己對焦慮或者恐懼的身體反應，然後嘗試那些能讓自己平靜下來的方法，比如深呼吸，或者將身體收緊三秒再放鬆，或者聽一些能讓你心情愉悅的歌，或者靜下心來冥想，等等。同時，盡量避免接觸那些會增加你焦慮反應的東西，比如含咖啡因、尼古丁以及酒精的飲料。

4. 改善自己的想法，培養自信

一旦明確了讓你產生焦慮和懼怕的消極想法，那就必須開始分析並向它們挑戰。詢問自己，並且測試這樣的想法是否是真的。使用邏輯推理或尋找證據去反駁這些自動產生的消極思想。比如你害怕參加派對，因為你認為每個人都會注意到你很緊張，那麼試著去想像「等一下，我被邀請參加派對是因為這些人是我的朋友，他們想花時間跟我在一起。那裡會有很多人，我真的會成為他們關注的焦點嗎？」

用積極的想法來代替那些大腦自動產生的消極想法。當它們產生時，先用相反的思維來挑戰這個想法，給自己一個積極的暗示，比如「我很有趣，別人都會想跟我成為朋友的」。甚至你還可以在家中或者隨身攜帶的鏡子上貼上積極的訊息，讓你隨時可以受到積極的暗示。

減少對自己的注意，觀察你周圍的人和環境，將專注點放在別人正在說的話上，而不是過多專注於自己。許多焦慮和恐懼來自於對別人評價的在意。其他人可能並不總是同意

或者回應你，這並不是對你個人或者能力的評價。人與人相處都是求同存異，不一樣只是生活的一部分，並不能代表全部。

5. 尋找同類人

試著去尋找那些與你有同樣煩惱、理解你的人，並與他們多交流。

那些與你有相同的煩惱和遭遇的人，更能夠理解你心裡的想法。這在心理學治療理論中被稱為團體治療。多與那些人溝通未嘗不是一個交朋友的手段。同時加入一些線上的幫助小組，網路也許對有社交恐懼的人來說，更像是一個安全的地方，隔著螢幕，不必去解讀身體語言或者是面部表情，可能會減少一些壓力。多與這些人溝通，也許可以互相幫助以使自己獲得改善，或者讓你累積一些自信。他們的一些成功經歷也能成為你借鑑的經驗。

效果最好的還是參加現實生活中的團體治療，讓有類似狀況的朋友互相傾訴，互相幫助，透過一起參加戶外運動，增強大家的意志力，同時還可以分散對焦慮的注意力，發現生活中的美好，這有助於減輕恐懼與焦慮感。和同病相憐的人的互助學習這樣實踐性的人際溝通訓練，也可以有效提高溝通技巧，獲得經驗累積。

6. 「行為認知療法」

「行為認知療法」是針對患者不合理的認知問題，透過某些行為的結果來改變患者對人、對己或對事的看法與態度，以解決其心理問題。

你害怕做某事的原因是因為你經歷過類似的事情，結果是不好的。但事實上不一定是不好的。當你把某件事情做成功了無數次，而這不斷成功的過程，就會慢慢地影響你的潛意識。那你潛意識裡對某件事不自信的狀態，就會慢慢地恢復過來。這種影響潛意識、扭轉錯誤認知的過程其實也是慢慢建立自信的過程。

社交恐懼某種程度上就是你的主觀意識在和你的潛意識的較量中輸了。那麼主觀意識怎麼才能在較量中占上風呢？

你需要透過身體去體驗很多你潛意識在阻撓你的事情，比如說你現在最害怕什麼，最害怕跟陌生人打交道？為什麼害怕？因為你害怕對方給出負面的回饋。你害怕對方拒絕你，對方不理你。而現在你害怕的只是表象，不是根源，也就是說不是因為你害怕而害怕，而是因為你害怕背後的事情，那就是失敗，是受到別人的否定，說你這個不好那個不好。你的潛意識為了避免讓你受到所謂的情感上的傷害，所以造成一種負面情緒，這種負面的情緒其實也是在保護你避免遭受潛在的委屈，但我們不能因噎廢食。

7.「被推一把」，突破恐懼

你需要在關鍵時刻「被推一把」的動力，去突破此刻你無法控制的恐懼心理。

舉個例子：想像一下你去高空彈跳，你站在高臺，然後跳下去，你才能完成高空彈跳，並獲得體驗。但是很多人跳下之前會很恐懼。排除有安全隱患的情況，基本上 99.9% 是安全的，是不會有事的，只是有驚無險，但你還是會恐懼，這是人類自我保護的潛意識在發揮作用。

電影《走鋼索的人》講的是一個走鋼絲藝術家在紐約雙子大廈直接走鋼絲，雖然我們只是看主角在走鋼絲，但充滿視覺衝擊力的畫面還是讓我們心裡一緊，這是我們基因裡的恐高潛意識在發生作用，讓我們感到恐懼，其實是為了保護我們自己，讓我們遠離這些潛在危險。因為基因是「自私」的，它為了使自己的延續得到保障，會控制人體的各種機能，讓自己活下去。

這個時候這麼辦呢？我以前去一個遊樂場高空彈跳過一次，看到有些人已經把繩子都綁好了，但還是不敢跳，教練就跟他們講：你不要害怕，我教你一個方法，很快就不會害怕了，你聽我倒數三聲你就跳。結果教練剛數到一，就把他推了下去。下去後就產生行動、體驗，想害怕也來不及了，也沒反悔不跳的機會了。跳下去後，腎上腺素飆升的驚險體

驗就已經產生，等你安全回到陸地後，你會發現，你是可以做到的，高空彈跳其實也沒什麼。

社交也一樣，你現在無非就是恐懼對方給你的負面結果而已，假設你去見面之後，對方並沒有給你負面回饋，反而給了你一個肯定的結果，那就會讓你在潛意識裡面感覺到：好像我可以做到。

要想克服社交恐懼症，就需要越害怕什麼就越要做什麼，但為了避免在剛開始嘗試累積成功經驗的時候又失敗，需要提前學習心態建設和必要的社交的方法。

要讓你的潛意識不斷認識到：其實我是可以的，我是可以的，我是可以的，我成功了無數次。例如，你原來跟女孩子不敢聊天，但你要堅信你透過學習可以改變，剛開始接觸你還是不行，但是不要緊，你要相信自己第二次、第三次、第四次絕對可以，當你可能做到第十次時，你的大腦一瞬間會發現：其實我能做到呀，我並不像以前想的那樣害怕了。

而那種覺得自己能做到的一瞬間，和學騎腳踏車很類似，剛開始都是很害怕的，一騎上去就感覺：我肯定會摔倒，我就是掌握不了那個平衡。但是在摔了很多次以後，有一天練著練著，突然間感覺自己掌握了平衡感，騎了一長段都沒有倒。那種一瞬間自己其實能做到的感覺，同樣適用在社交上。一旦你認為你是可以的這種思想產生了，它就會開

始影響你的潛意識，這裡有一個理論叫做「大腦獎賞效應」。

在心理學中，當人做出某一決策後如果被證實正確並產生了好的結果，大腦會向負責決策的區域發送「獎賞」訊號，這會促使人的認知能力進一步提升，形成良性循環，這被稱作「獎賞效應」。這個獎賞就是產生了快樂激素多巴胺，你每做成功一件事都能獲得快樂，你就會慢慢喜歡上這件事，會上癮。

總之，克服社交恐懼症的過程，其實就是建立社交時的主觀自信和客觀自信的過程。要想讓自己從懼怕社交進步到擅長社交，需要有心態建設和社交溝通方法的輔助，只有這樣才能循序漸進地得到成長。

第五節
內向者轉變的關鍵是能量管理

在十多年前，還記得我很內向時，除了和同事、關係好的朋友比較能聊以外，遇到陌生人，參加陌生聚會，基本上都是最沉默的那一個。但是有一次在參加朋友的女朋友生日KTV聚會時，卻收穫了不一樣的體驗。活動定在週六晚上七點某KTV包廂，地點離我住的地方走路只需要五分鐘。因為近，我就在家裡躺著看電影，可看著看著睡著了，醒來後發現已經遲到一個多小時，馬上蹦起來直奔包廂。雖然我去晚了，大部分人又都是第一次見面，但我卻沒有像往常參加聚會時那樣沉悶，反而很玩得開，當天晚上還和很多陌生人成了以後經常來往的朋友。

▌ 一、能量充足，內向者也可以很活躍

我當時完全不明白為什麼會有這種差別，直到我後來開始研究自信、內向、溝通、能量狀態之間的關係，才恍然大悟，這些都有密切的關聯。內向者相較於外向者，在人際交往時更容易消耗精力，更容易感到累，需要給自己充電才能讓自己感

121

到平衡，尤其是喜歡用獨處的方式充電。很多書籍中都提到過這個關鍵點，但就解決方案卻沒有更深入的說明。

很多提倡內向者發揮天賦優勢的人說，既然內向者容易消耗能量，更喜歡獨處，那就不要亂動，安安靜靜地做個內向者就好。但我並沒有完全接受這個觀點，我做了更深入的思考。

如果我們解決了內向者高效充電的問題，那是不是就可以解決內向者社交消耗過大的問題？如果解決了消耗過大這個問題，是不是就解決了讓內向者也能輕鬆應對社交的問題呢？這個問題在我這裡得到了解決。實際上內向者充電，不光可以透過獨處來實現，也可以透過增強自身「能量氣場」來實現。同時，我覺得用另一個詞來展現內向者充電問題，會更全面準確，那就是 —— 能量管理。我翻閱過很多溝通類書籍，基本上沒有提到能量管理的概念，而在我的實踐過程中，「能量」確實是一個對內向者來說至關重要的因素。

缺乏能量的人，有如下日常表現。

◇ 白天精神萎靡，易產生焦慮情緒。

◇ 工作學習效率低下。

◇ 容易產生拖延症，產生內疚感。

◇ 容易過分宅，減少社交活動，導致溝通能力退化。

◇ 晚上精神好，或即使累也不想早睡，玩手機玩遊戲，或其他娛樂。

◇ 容易熬夜，容易晚睡晚起，或晚睡不得不早起，導致第
　二天精神進一步萎靡，以致進入惡性循環。

能量缺乏惡性循環如圖 2-5 所示。

不是所有不夠自信、不擅長溝通的人都處於這種能量非
常低的狀態，會因人而異，有程度高低的不同，但如果你只
是處於一般的狀態，也就是不好不壞，透過能量管理可以讓
你的健康、精神、體力更好，不是更好嗎？有些人平常就很
愛健身運動，精神也很好，但為什麼還是缺乏自信呢？

圖 2-5 能量缺乏惡性循環圖

這是因為，缺乏能量是影響自信的原因之一，不是唯一原因，是一個重要的影響因素。而當你缺乏自信的同時，又缺乏能量，你會有種想改變卻無法使上力的感覺。同時，我還發現，有些人雖然白天精神好，但到了社交場合還是會放不開，這說明他們不會運用自身能量來驅動自己的狀態，以適應社交場合的氛圍。

能量充足的人日常生活狀態如下。

◈ 睡眠充足，白天精神好。

◈ 每週有固定健身運動習慣。

◈ 說話比較有熱情。

◈ 氣場容易感染周圍的人，比較受人喜愛。

◈ 工作學習效率高。

◈ 拖延症較少。

◈ 工作、娛樂兩不耽誤，生活豐富多彩。

◈ 良性循環。

如果你是日常精神不太好的人，就容易感覺說話社交這樣的事情很費力，經歷過幾次失敗後，就會乾脆躲起來不想見人，直到忍無可忍才想要改變。而能量充足的人，無論是說話、待人接物，都言行得體，充滿熱情。

之所以有這樣的差別，最根本的原因之一，就是這兩種

人的生活狀態不同。你每天惡性循環，別人每天在進步，你們的差距就是這樣一步步拉大的。我的迎刃自信模型裡提到，一個人的能量狀態和自信，是並列且互相影響的關係。一個是生理，一個是心理，還有一個是客觀事實。

2016 年 10 月，有個女學員加入，經過 3 個月的學習，她的狀態有了很大改變，她自己總結如下：

一開始沒按照迎老師的建議將基礎的事情，即能量的保證 —— 睡眠、飲食、運動調整好，因為睡眠不足、累導致思維錯亂，行動力下降，然後就什麼都不想做。後來我將這件事情告訴老師，他告訴了我調整的方法，並根據他個人的一些建議，也就是能量管理原理，執行了一段時間後，焦慮害怕的情緒慢慢降下來，感覺自己好像變了個人似的。最深的感受就是，最初剛加入課程時那種無力感和負面思維纏身的狀態逐漸消失了，整個人狀態非常好，自信心也越來越足。

二、充足的能量怎麼得來

首先，我在這裡給「能量」下一個定義：指一個人能否有足夠的精神和體力，有效率、有掌控力地完成每一天的工作、學習、娛樂、社交等事情。再打個比方，人體就像一塊生物電池，人只有不斷充電補充能量，才能確保正常運轉。人日常的吃飯、睡覺、運動等都是在保證能量的正常恢復。

能量這個詞常見於物理學，但從哲學的角度來說，廣義上的能量可運用於所有學科。從廣義上講，能量就是某一事物能使其他事物發生改變的性質。你有充足的能量，就可以高效率地工作學習，就可以讓內向的你高品質地進行社交，反之亦然。

這裡把「能量」分為精神力和體力兩種，是生理與精神的綜合體。

「精神力」相當於腦力，有科學研究顯示，人腦其實是一臺 24 小時工作的機器，大腦需要消耗的氧氣大約占我們吸入氧氣總量的 20%，如果你是一個腦力勞動多的人，那麼就更容易消耗能量。比如我就屬於腦力勞動者，每天要看很多書，寫文章，寫稿件，很費腦子。

「體力」與腦力互相影響，當你處於很疲勞或很飢餓的狀態，你也無法集中精神進行腦力勞動，如閱讀、寫作、說話。一般你精神好的時候，都首先是身體狀態好的時候，比如你連續一段時間都早睡早起。

所以內向者能量充足時，是會樂於與人交流的，而不會想著逃跑，反之，都是因為內向者當時處於「能量低下」狀態，才導致想要「充電」，想要獨處。

■ 三、怎麼進行能量管理

1. 減少不必要的能量消耗，增加能量儲備

人體的一天時間單位裡的能量是有限的，需要集中用在有限的地方。一個人的能量高低，也直接決定了他的行動力高低，精神差的人容易注意力不集中，效率低。行動力的高低，決定了一個人的工作學習的成果。正所謂，時間在哪裡，結果就在哪裡。

我這裡再借用物理學上的「能量守恆定律」來進一步進行類比解釋。能量守恆定律的物理定義是：能量既不會憑空產生，也不會憑空消失，它只會從一種形式轉化為另一種形式，或者從一個物體轉移到其他物體，而能量的總量保持不變。

你想從能量不足的狀態轉變為能量充足，是需要付出一定的代價的，我稱之為「改變代價能量守恆定律」。比如，你平常都習慣了晚睡晚起，現在要調整為早睡早起，才能保障你的睡眠品質，改變晚睡的習慣需要消耗你的意志力，或改變這個習慣需要時間等方面的代價付出。而且，每個人的能量是有限的資源，就像時間，每天只有 24 小時：8 小時左右用來睡眠；8 小時左右讀書、工作，加班另算；剩下的 8 小時，就是你吃飯、社交、娛樂、學習、休閒生活的階段。

你無法永遠處於高能量狀態。當你工作連帶加班 12 個小

時，非常疲憊，而且第二天你還需要用這樣的狀態工作時，你可能就沒法去社交、玩樂了。

既然是有限的資源，那我們就需要開源節流：減少不必要的消耗，增加儲備，把有限的資源用在重要的事情上。什麼是不必要的消耗呢？我舉個例子，平常大家都喜歡刷臉書、IG，這件事情就很消耗精力和時間，雖然這是大家社交的常規管道，但實際上，你不透過這個管道社交，也依然可以和別人進行交往。由於刷微博、朋友圈容易上癮，並會慢慢地消耗掉你的精力，那麼當你需要進行工作學習這樣集中精力才能完成的事情時，可能就會出現精力不夠用的情況，比如看一會兒書，就會感覺走神或疲勞。

所以，我建議你根據自己的情況在這方面減少時間。我看到很多知道這方面知識的人都直接封鎖和關閉了自己的社交媒體，我也基本上從 2014 年開始就不怎麼看社交媒體了，但我沒有封鎖，因為我需要轉發新文章到社交媒體進行傳播，或是時不時發表一些個人觀點，臉書的使用情況也類似。

現在大家的手機基本上就是一天一充，甚至一天兩充，這樣才能有足夠的電量使用。每當電量不足，你都會缺乏安全感，害怕老闆、同事、朋友連繫不上。你的身體也一樣，要想能量充足，就要把自己的能量當手機電量那樣珍惜著來

用。如果你一大早就消耗掉 50% 以上的能量，你下午與晚上如何應對？

手機可以用行動電源，那人體可以有行動電源嗎？我的答案是肯定的，後面會講解方法，我查詢了相關的權威科學論文數據佐證，很多方法我都自己親身體驗過，驗證有效。

2. 合理調整飲食、睡眠與運動

工作、學習是需要消耗大量能量的，而溝通社交也一樣，這也是為什麼很多內向不自信的人，容易面對陌生人放不開，內心想說卻說不出來，其中一個重要原因，就是能量缺乏。

心理學家艾薩克·馬克斯（Isaac Marks）指出了害怕的進化功能：害怕促使有機體避開危險，能造成一種保護有機體能生存下去的巨大作用，是一種非常重要的進化遺產。

害怕是一種察覺到現有的或即將發生的危險時所產生的情緒體驗。所以，當人體處於低能量狀態時，由於基因進化與自然選擇，害怕情緒就產生了作用，大腦為了保護你，以使你避免消耗更多能量，就會自動幫你關閉一些它認為有潛在消耗能量，且暫時可以不用的身體功能，如說話。此時你就會有種內心想說卻說不出來的感覺。

我自己的體驗就是：當我處於低能量狀態時，就真的不想說話，連笑都笑不起來。有一次我和朋友開長途車從 A 市到 B 市，雖然是輪流開，但每個人也開了 3 個小時，到了

B市後，還和朋友的一個朋友見面吃飯，當時最後開車的是我，我處於比較累的狀態，在吃飯期間，都沒怎麼說話。

直到下一次再和這個新朋友見面吃飯時，我是另一個狀態，當時能量狀態很好，席間談笑風生，氣場十足，飯後新朋友很驚訝地對我說：「你怎麼和上次比起來不一樣，上次非常冷淡，我還以為是你性格比較高冷呢。」

我聽到後，哈哈一笑，這種情況太正常了，我就解釋給他聽，我出現這兩種極端表現的原因，完全取決於我當時的能量狀態的高低。你回憶一下，是否有某次你精神狀態比較好時，和朋友或陌生人聊天都感覺到很愉快，不但不心累還非常享受這個過程，樂在其中？

只要是按照我的音訊課程《能量管理實踐篇》裡的內容進行訓練，並在社交場合放得開自己的學員都回饋說，當他們在社交溝通中處於高能量狀態時，他們就會獲得非同一般的感受，這種感受有點類似於慢跑超過 30 分鐘後，身體產生內啡肽、腎上腺素和去甲腎上腺素這三個生理激素所產生的愉悅感和幸福感。

同時，能量高低也會影響你在心儀對象面前的表現，情況和在溝通社交場景時的表現類似。正如電腦要耗電，汽車要耗油，人體的日常活動也要消耗熱量。熱量有三種來源：碳水化合物、脂肪和蛋白質。這裡的熱量消耗和我說的能量

消耗稍有不同。人體同時還需要透過睡眠、運動、其他維生素等物質綜合來提供能量。

在多年前，我某次和一個朋友聊天，他突然對我說：「平常和你聊天都挺正常，總覺得哪裡不妥，但又說不出，直到剛才我突然明白了，你說話沒有感情，聲音有氣無力的感覺。」

當我第一次聽到別人這樣評價我說話的狀態時，我也震驚了。我為什麼會給人這樣的感覺呢？然後我開始反思，並找到了原因：很長一段時間都是晚睡早起，沒有運動，同時也缺乏其他有益身心健康的生活方式。

我記得讀大學時，恨不得每天下午都去踢球，飯量也非常大，但也不會胖，我記得有次在學校門口的小飯館裡，創造過吃七碗飯的記錄。現在想起來，當時還年輕，基礎代謝快，運動量也足夠，天天比較開心，沒有過多壓力。

我還記得體重一直都是 65 公斤左右，自從畢業工作後，再也沒有恢復到這個水準，一般處於 70 ～ 72 公斤。不過好訊息是，我透過更新版的生酮飲食法，在多吃脂肪、少吃碳水化合物的情況下，體重健康地降到了 67 公斤左右。一度，突破最後 2 公斤，達到我大學時的體重，成了我的減脂期望目標。自從把體重降下來後，我發現我竟然很上鏡了，在很長一段發胖的時間裡，拍的照片都顯得臉特別寬。

我了解到這些狀況後，就開始進行睡眠與運動的調整，

比如沒法去健身房的情況下，每天在家做 100 個伏地挺身，時不時在樓下慢跑 20 ～ 30 分鐘。並且，也刻意在說話時提高自己的音量。經過一段時間的嘗試，和人說話時氣場明顯提高，不再是沒有感情的、有氣無力的狀態了。

3. 透過生理變化來影響心理變化

大家都知道一個常識，就是身心都健康的人才真正健康。所謂身心，就是身體和心理同時都處於健康的狀態，而且身心的不同狀態會產生互相影響。我接觸的很多不自信的學員，同時伴隨比較多的焦慮情緒，甚至有些人還有不同程度的憂鬱症。這種焦慮情緒如果不同時進行解決，自信心很難獲得提升，更不用說要在社交與戀愛的場合能很好地表現自己了。

早在 1998 年，《英國運動醫學雜誌》上刊登的一篇論文指出，特別的心理功能障礙，特別是憂鬱、焦慮和壓力，可以從參與體力活動中獲益，尤其是我們熟知的有氧運動，例如步行、慢跑、騎腳踏車，或是力量訓練。運動是有效提升人體能量的重要來源。研究報告中還顯示，經過 17 週的研究數據發現，運動對憂鬱症有非常大的改善效果。

我自己的親身體驗和很多參與實踐的學員回饋，他們自從開始每週有規律的有氧運動後，此前時常出現的焦慮感明顯降低，睡眠品質也提高了，整個人的精神狀態都有了比較明顯的改變。

　　延續我前面說自己被朋友發現說話沒感情的例子，在當時，我開始調節生理狀態一段時間後，明顯感覺到我在心理上產生了變化。比如，我此前說話都會小心翼翼，不敢太大聲，怕別人有意見，後來就變得無所謂了，別人也不會因為你說話大聲而覺得你沒禮貌，反而覺得你很自信。

　　還有就是當我處於能量充足的狀態時，我在社交場合都會不自覺地多說話，有點類似於被按下了播放器的 play 鍵，然後就開始進入自動播放的狀態，甚至會有點停不下來，而這種情況，我以前是做不到的。以前會因為狀態不好，或有比較能說的人在現場，感覺自己氣場就被壓制了，更加說不出，就在一旁悶著，很沒有存在感。

　　總之，「能量管理」是提升內向者自信與溝通力的隱形力量的關鍵因素。

　　以上就是關於內向者要如何進行能量管理的理論基礎，礙於篇幅有限，無法把所有的實踐部分展示出來，如果你想在這方面得到提升，可到我的公眾號「迎刃」（ID：yin-grendao）回覆關鍵詞：能量管理，檢視相應內容。

　　自信與能量是溝通汽油；溝通社交方法與經驗是社交發動機；幽默與高情商是關係潤滑劑；你就是自己的司機。

　　後面的章節將會從日常人際交往、職場、情場三個方面教授你相關的方法技巧，幫你逐漸成為人際交往方面的老司機。

第三章
內向者如何改變人際交往能力

第一節
別把拒絕無效社交當成逃避社交的藉口

你可能聽過「無效社交」這個概念。網路上針對「不要無效社交」有兩種觀點：一是不要做無效社交，是勸誡那些成天亂混圈子、自身實力又不強的人，過多的社交並不能帶來價值，所以建議大家不要「無效社交」。這裡沒有特指是否針對內向者。二是如果你內向且不善言辭，覺得社交累，那就不要勉強自己，而應該多花時間進行自我提升，等自己變得強大了，別人自然就會主動找你社交，所以社交這個東西不用學習，不用練習。這裡則特別針對內向者。

我對這樣的觀點表示可以理解，但不能諒解。對一個擅長社交的人（無論是否內向）來說，減少無效社交肯定是有益的。而一個不擅長社交的人（特別是內向者），如果不分情況地以無效社交為藉口來逃避社交，那就失之偏頗。

有位粉絲在留言裡提到了他關於「無效社交」的故事。他對我說：「我平時喜歡一個人待著，比較愛學習，工作做得也還不錯。最近剛剛出來出差，我們主管囑咐一同出來的同事，要多帶我出去玩，於是今天跟幾個這邊的同事約著出

去玩，玩的過程中，我覺得很無聊，不知道要說什麼，覺得很累。而三年前，我大學時，卻是一個活躍於社交活動、喜歡跟朋友們喝酒的人，看到自己喜歡的女孩會去搭訕，女生緣很好，曾經兩個月有好幾個女生主動向我表白。」

我問他：「是什麼原因導致你前後的反差呢？這三年中發生了什麼影響你的事情？」其實我更想問他：那幾個女孩現在怎麼樣了，好心疼，兄弟太浪費資源了，不過最後還是忍住了。

他接著說：「發生轉變的原因，我猜想是研一剛開始時狀態很好，談戀愛，通宵喝酒 K 歌。中間遇到了嚴厲的指導教授，很苛刻，對我的學習幾乎沒有指導，我都不敢看老師的眼睛。同時我又因為他的無理指責與要求感到非常不滿，但又不敢抗爭，害怕他不給我好果子吃，那時候覺得人生好絕望。很想要擺脫困境，於是非常努力，非常勤奮，為自己找出路。

「後來，為了遠離這個導師，於是跨行跨科系學習並且找工作，從零學起，起點低，異常努力，要做到很好，所有的心思都用在學習工作上了，拒絕了所有的社交活動。最終的收穫是：找到了當年畢業生中薪資較高的工作（前15%），工作前景很好，主管滿意。但是，我也同時失去了很多朋友，失去了社交能力，我的溝通能力完全退化了。

「感覺每天都在拚命奔跑，失去了很多，甚至失去了生活，現在工作可以喘口氣了，就又想找回生活。雖然已經擺脫了指導教授，但是陰影還在，我想克服這個問題。」

我告訴他：「你的問題還挺典型的，本來你天性活潑開朗，但由於受到社交壓力的負面影響，才導致變成現在這種害怕社交、不會社交、感覺心累的狀態。

「要解決此問題就要反向操作，讓擁有積極正能量的人影響你，用『積極社交』來打敗『社交恐懼』。」

後來我還陸陸續續接觸過很多這類諮商者，發現他們都有以下三個共同點。

1. 誤解了「無效社交」的真正含義

前面的粉絲補充道：「這種不喜歡社交的狀態，近一年越來越嚴重，畢業以後，有了職業發展目標，每天會堅持學習兩三個小時，來提升專業技能，幾乎拒絕了所有我認為的無效社交。」

在我看來，「無效社交」是個偽概念，如果你不會社交，偶然間看到某個 KOL 說不要無效社交，應該多把時間精力放在自我成長上，少去浪費時間，然後你內心就說：太對了，我就不擅長社交，就不要委屈自己了，然後就不假思索地輕信，最後發現自己在不得不去社交時，還是處於恐懼無能的狀態。

　　或者換個角度說，確定是否屬於無效社交，要看你的目的是什麼，和朋友吃喝玩樂是無效社交嗎？不一定，你也需要放鬆，與他人分享快樂。如果你要結交牛人，但你的層級和價值與對方不對等，或者你沒法給對方提供對方需要的價值，那你再努力都是無效社交。

　　我也認可低品質的社交不如高品質的獨處這個觀點。但是很多人卻把無效社交當成逃避社交的藉口，如果你不擅長社交，當你需要社交時，你又如何進行有效社交呢？「社交」無所謂無效還是有效，社交本身也是一項能力，與高效溝通一樣重要，是我們身為社會人必備的重要生存手段之一。如果你沒經過各種社交溝通訓練，你怎麼可能擁有應付自如的社交能力來應對你非常需要社交的場合呢？即使是無效社交，也是一種讓你能將來可以「有效社交」的提前練習。

2.「無效社交」的倡導者不善社交

　　我在社交媒體上看到一些所謂的 KOL，提出一個容易把「普通人」帶到坑裡的觀點：倡導大家不要去做「無效社交」，把時間精力省下來，提高自己的專業能力和技術水準，當自己變得厲害時，別人自然會主動找你社交，你不用浪費時間鍛鍊社交能力。而且強調說：你內心既然不喜歡社交，就不用去連繫。我發現提這種觀點的人，一般都是內向、不擅長社交的人，而且他們忽略了這一點：很多人雖然

不擅長社交，但其實內心有社交欲望，只不過他們缺乏方法和訓練而已。

社交也是自我成長中的一項重要技能，KOL 只片面地強調學習能力的技能，忽視社交技能的提升，這是在陷害人呀。當然我也接觸過一些人，聲稱自己內心就是不喜歡社交，覺得社交累。但和他們深入溝通後發現，他們並非不想社交，而是發覺自己社交時沒法很好地表達自己，精神處於一種低迷狀態，同時伴隨一些社交焦慮，或者是某種自卑心理，比如覺得自己太矮了、不夠漂亮、不會說話等，感覺每次社交時狀態差，總之就是怕出去丟醜，於是乾脆選擇躲起來，他們是在逃避社交。剛好某個 KOL 說，你不用「無效社交」，這對他們的胃口，他們就真的放棄了社交。可是顯然，你無法逃避所有的社交。

3. 人是社會性動物，無法逃避社交

法國啟蒙思想家伏爾泰（Voltaire）說過：自從世界上出現人類以來，相互交往就一直存在。

很多人覺得自己不擅長社交，沒必要去人多的地方湊熱鬧，平常多獨處幹自己的事情好了。但只要你不是選擇避世隱居，你在這個社會上，是逃不過社交這件事情的。如果你不指望透過陌生人、陌生圈子認識新朋友，那你也逃不過這四個圈子：朋友圈、同學圈、同事圈、親戚圈。如果你不打

算主動透過這些管道認識新朋友，你總要維繫這些關係，維持關係也是社交。如果你還是個年輕人，那你總有要認識男女朋友的需求吧，你拒絕透過社交活動來認識，那你就只能接受網路婚戀管道、家裡安排的相親，或是朋友同事介紹的異性，這些難道就不是社交嗎？

德國哲學家叔本華（Arthur Schopenhauer）曾說過：人的社交根本不是本能，也就是說，並不是為了愛社交，而是因為怕孤獨。

我絕對不相信你不想社交就是內心不喜歡，沒人喜歡孤獨。如果你真這麼不愛社交，那就也不要和父母、兄弟姐妹、朋友接觸，這豈不是更純粹？

正所謂：有人的地方，就有江湖；有人的地方，就有社交。即使是網路時代，大眾使用的最多的服務也是社交，臉書、Line、IG 都是如此。

再比如：

你在學校裡，如果不和同學、校友接觸，只活在自己的世界裡，形單影隻，那你如何應對以後在社會上的複雜的人際關係。如果你現在處於職場中，如果你不會和同事、主管打交道，你覺得光靠自己努力工作就能升遷加薪？這就太天真了。你以為眼不見為淨，耳不聽為清？還的確是，猜想你變成盲人或聾啞人的時候，就會變得世界清靜。別再輕信別

人的論斷，要問自己內心到底要什麼。你真的不想結交新朋友嗎？你真不想認識一些高價值的朋友嗎？你真的不需要認識異性朋友嗎？

請問自己內心 100 遍！知道了自己想要什麼，接下來就是如何做到了，知道了方法，剩下的就是踐行的過程。包括我的觀點，你也不要無條件地接受，你也要自我分析一下。普通人看書少，自學能力弱，社會閱歷少，分辨力不足，容易被影響、被洗腦，也很正常。所以，人笨更要多讀書。

心理學研究發現，人對危機的心理反應通常經歷四個不同的階段。

◈ 衝擊期 —— 發生在危機事件發生後不久或當時，感到震驚、恐慌、不知所措。

◈ 防禦期 —— 表現為想恢復心理上的平衡，控制焦慮和情緒紊亂，恢復受到損害的認識功能。

◈ 解決期 —— 積極採取各種方法接受現實，尋求各種資源努力設法解決問題。焦慮減輕，自信增加，社會功能恢復。

◈ 成長期 —— 經歷了危機變得更成熟，獲得了應對危機的技巧。但也有人因消極應對而出現種種心理不健康的行為。

你就是一直處於防禦期而不願意進入解決期，當然和你

有拖延症應該也有一定關係。英國詩人拜倫（Lord Byron）曾說過：如果說是社交教會了我們怎樣生活，那麼該是孤獨教會我們怎樣去死了。如果你願意孤獨地過這一輩子，我也不攔你。

很多時候，我們拒絕做一件事，表面上看，好像有某個冠冕堂皇的理由，其實只是一種自我安慰與逃避。就像是借酒澆愁的人，只能愁更愁，並沒有解決問題。實際上，是你內心的害怕恐懼占了主動權，讓你遠離這件事，你不是不想，而是不能。不想是你有選擇權，不能是你缺乏選擇權。就像找不到男女朋友的人，都在標榜自己是「寧缺毋濫」；就像找不到好工作的人，都在自我安慰說：我是沒好好找，要找肯定都是世界 500 強的職位。你這個世界 500 強的工作，是在麥當勞裡送外賣嗎？

有時候，我們的壞習慣或陳舊的思維影響著我們的行為，當我們習以為常時，就會毫無主見，毫無自主能力。不思考的人生會危機四伏。我們要思考：我們現在習以為常的事情是不是就真的是對的，以及如何調整這些行為習慣。不然，我們的人生就會被帶偏，被帶到坑裡，爬出來需要付出更多時間與代價。

最後，再次提醒大家，別把拒絕無效社交當成逃避社交的藉口。

第二節
內向者如何選擇適合自己的社交圈

　　我早年在某個社交場合偶然認識了一個朋友，此人經歷比較傳奇。他高中時隨家人一起移民美國，大學是電腦相關科系，大學期間是典型的 IT 宅男形象，畢業後做過亞馬遜電商，之後機緣巧合幫人主持了一場婚禮，然後就進入了美國洛杉磯某華人電視臺，成為一名記者和廣播主持。

　　再後來在不認識任何人的情況下，隻身前往好萊塢學習脫口秀和戲劇表演，並透過社交能力打入好萊塢的娛樂圈。之後 2010 年又到上海發展，現在是上海北京兩邊跑，足跡橫跨影視圈、文化圈、網路圈。他憑藉出色的多專業技能與社交能力，和邏輯思維的原策劃人申音成為好朋友，並且參與了其新節目的主持與錄製。後來，一邊開設表演培訓班，一邊組織劇場演出，還幫助一些影片網站的網路劇做戲劇表演指導工作。

　　他在短短幾年之內華麗轉身，藉助出色的中英雙語、影視、行銷、製作、商務等專業能力，以及社交能力，成功進

入了各種高價值社交圈，現在他已經是影視圈裡較為出名的喜劇類節目製作人。

從一個學電腦的宅男到一位影視圈喜劇類資深製作人的180度大轉變，他是怎麼做到的呢？答案就是培養高超的溝通力與拓展高價值社交圈的能力。他如今的成就也不是一蹴而就的，也經歷了大量的失敗與成功經驗的累積。

大部分內向者由於長期的離群索居，在家習慣「宅」，所以社交能力都有不同程度的退化，致使內向者開始覺醒，但在想要改變生活狀態，想要嘗試認識新朋友的時候卻發現，自己完全不適應社交活動。就像一個骨折的病患，在傷筋動骨一百天後，雖然骨折好了，但肌肉由於長期不運動會有萎縮，會導致你走路不俐落，那你想馬上像以前那樣健步如飛是不現實的，所以需要透過復健來讓你的肌肉漸漸恢復到最健康的狀態。

一個人容易冷場，不知如何與陌生人展開話題，遇到好看的異性容易害羞，嘴笨無法自然進行交流，在這種情況下要想提升自己的社交能力，還需要循序漸進地選擇不同社交難度的活動，才能讓自己慢慢地恢復社交能力。需要先從選擇現階段最適合自身的社交活動開始，一步一個腳印，而不至於因選擇了錯誤或不適合的聚會而產生嚴重的挫敗感，以致從此一蹶不振。

▌ 一、常見社交圈類型

我把社交圈畫成兩個圈，最裡面的是你自己，圍繞著你的生活、工作可以拓展出相應的社交類型（見圖 3-1）。

圖 3-1 迎刃社交圈拓展模型

第一級社交圈，是你的日常生活都會接觸到的五個圈，分別是同學圈、同事圈、朋友圈、親戚圈、網友圈。

前面四個圈不用過多解釋，大家都理解，即使你再內向，你都會有這些人際關係，差別只是某些圈裡的人和你的關係到什麼程度。

網友圈，就是根據你個人的興趣喜好而經常參與的網路社交圈。這些網站、App 都自然帶有社交屬性，逐漸會形成一個有認同感的小圈子，就會有官方或個人組織大家進入各

自的 Line、臉書社群，方便大家及時進行交流。

　　第二級社交圈，有四個圈，分別是興趣愛好圈、異性資源、行業圈、高價值人脈圈。

1. 興趣愛好圈。就是你有什麼樣的愛好，就會經常去什麼樣的網站或線下活動。這個圈與網友圈高度重合，但又有差別，因為很多興趣愛好圈都是線下活動為主。

2. 異性資源。如果你還是單身，你肯定想找男女朋友，如果你要麼宅，要麼參加的活動都是同性居多，那你當然碰不到足夠數量的潛在異性供你認識，那自然談不上如何深入交流交往，那你就需要參加各種活動以進行篩選。

3. 行業圈。行業圈是在你的同事圈基礎上發展而來的，你在某個行業想工作越來越好，收入越來越高，就需要認識同行業的人或公司，方便你以後跳槽或者學習。如果你想轉行，那你更需要去參與新行業圈的聚會，來增加自己的人脈資源。

4. 高價值人脈圈。簡單來說，就是在經濟收入、社會地位、專業能力、網路知名度等方面都比你高很多個層級的人士。他們可以是網紅、網路名人，也可以是現實生活中的主管、老闆、政府官員、社會上的各種成功人士。學習如何製造機會與他們認識、交往、學習，甚至

　　是幫他們工作，那你獲得進步提升的機率就會高很多。
就像本文開頭我的朋友那樣，擁有拓展高價值人脈的
能力，會對你提升個人層次、收入、名望都有巨大的
幫助。

　　第一級社交圈裡的同學圈、同事圈、朋友圈、親戚圈、
網友圈是一個人固有的社會人際關係網。

　　這每一個圈子裡，肯定都有和你關係好的人，他們各自
也同時擁有同學圈、同事圈、朋友圈、親戚圈、網友圈這五
個圈。

　　這一級的社交圈，你基本上都是認識的人，更多隻要維
護即可，不用拓展，但網友圈稍微例外一些，因為它屬於網
上社交圈，很多人沒見過面，所以關係緊密度、信任感會低
於現實社交圈。

　　那第二級社交圈就是你需要積極拓展的管道，需要去認
識新的朋友。

▋ 二、如何找到適合你的社交圈

　　拓展社交圈可以從兩個維度去尋找。

1. 社交圈的建立以目標為導向

　　你拓展社交圈想做什麼，想達到什麼目標？比如，你是
想找到男女朋友？還是想換個新工作？還是就是找個樂子？

還是想認識點有錢有勢的人，提高自己的社會階層？目的決定行動，行動決定結果。

2. 建立社交圈宜從自己的興趣出發

假設你並沒有太多的功利性目的，就是想認識一些新朋友，那一開始，我建議你選擇自己最感興趣、最喜歡的社交圈類型。因為只有你發自內心地喜歡，你才不會害怕沒有話題可以和對方聊，你在有共同興趣的人群裡，也更容易找到好朋友。你們已經有了一個可以聊很久的共同話題，你們自然也容易產生出一種充滿激情的融洽的關係，就更容易建立起友誼。

比如，你喜歡讀書，那就多參加讀書會；你喜歡玩桌遊，就多去桌遊吧。如果你參加的讀書會的人都和你一樣，都看過同類型的書，都喜歡同一個作者，那你們天然就容易達成共識，有共識就有信任，因為你們看的書大致決定了你們的價值觀，而大部分人都喜歡和自己有相同價值觀的人相處。

這些組織最好可以經常線下固定見面。陌生人快速變熟悉的方法，就是多見面多交流，多吃吃喝喝，友誼關係很自然地就建立起來了，同時也有助於訓練你面對面進行溝通的能力。比如，我曾經參加了一個主題為電影的線下交流會，大家圍繞著電影和小說展開了熱烈的討論，由於我也非常喜

歡電影和小說，也是一個科幻迷，我看過的電影類型裡面，科幻片占比最高，相關的知識儲備較多，所以這個活動我非常喜歡，活動結束後，我們還剩下七個人聊得意猶未盡，還換到一個燒烤攤，喝著啤酒吃著烤串繼續聊，這幾個人我都是第一次見面，但也就這幾個小時的時間裡，大家建立起了友誼。

以上，就是最簡易可行的選擇適合自己社交圈的方法。從興趣愛好的角度出發去尋找社交圈，是目前內向者逐步調整自己內向傾向、增加人際交流的最好的社交管道。加入你喜歡的興趣組織，就相當於交到了一群良師益友，他們將是你人生道路上的同路人，且行且珍惜。

第三節
內向者如何做好自我介紹

自我介紹與為別人烹飪很相似。假設你要請朋友到家裡做客，肯定是希望透過聚餐來加深關係，會考慮對方是什麼類型的人，喜歡什麼樣的口味，希望他們吃完後有什麼樣的感受，肯定不會希望對方吃不合口味或難吃的食物。

自我介紹也非常類似，不能只考慮自己說得爽，自我介紹其實就是簡短演講，要想讓聽眾聽得下去記得住，並且對你印象好，就需要提前準備這幾分鐘的內容，設計得當才能達到你預期的效果。

初次見面，打完招呼後，先主動做自我介紹，讓對方在非常短的時間裡就知道你是誰，做什麼職業，有什麼特點，這同時也是降低對方戒備心、破冰和開啟話題前最需要做的事情。反過來想像一下，你在陌生場合遇到兩個不同的人，一個非常冷漠，一個先熱情主動地做了自我介紹，你內心肯定更願意和積極熱情的人交朋友。

自我介紹就是一張隱形的活名片。在任何社交場合，如職場面試、初次見面、聚會上等，自我介紹都不可或缺。自

我介紹不僅僅是說話這麼簡單，你的神態、表情、語氣、語調、語態、著裝、肢體動作等都是你身上的特色。你向對方介紹了自己，等於向對方發出了敞開心扉的訊息，對方馬上明白你的來歷，不用進行身分猜猜猜的心理活動，這樣雙方都可以迅速進入交談的角色。

自我介紹的終極目的，就是希望別人在很短的時間裡就能馬上了解你，對你產生興趣，甚至信任，然後能產生更進一步的接觸。比如，你去相親、談客戶、面試或是會見重要的人物時，都離不開它，自我介紹做得好，形成了良好的第一印象，信任感就會非常快地建立起來，有了信任和吸引力，才更容易讓你們的交流進行下去。即使你是內向者，不善言辭，只要按照本文的方法和模板，也可以輕易地為自己設計出一個簡單、易記、讓人印象深刻的自我介紹。

▌ 一、自我介紹注意事項

1. 切勿過分誇耀自己

人際交往中最忌諱自賣自誇，尤其是在對方還完全不認識你的情況下，這樣做很容易讓戒備心比較重的人對你產生疑慮。我並非是要你不展示優點優勢，而是在此提醒你語言措辭要恰當得體，以免遭人反感。比如，我畢業於 ×× 知名大學，月薪 25 萬，現在帶領 10 個人負責一個新專案，剛換

了新車，等等。

　　雖然這些可能是事實，但直白地說出來，就容易讓人覺得你是在炫耀，過分炫耀自我身分，就像在網路上過度炫富一樣招人反感。最好是敏感的收入可以不提，突出你的專業、擅長的技能等。比如：我擅長人工智慧大數據分析，現在帶著一個團隊在全力研發 A 專案，進展很順利，預計年底就可以實現打敗 B 專案的目標。

2. 長話短說，控制在一至兩分鐘以內

　　雖然自我介紹沒有硬性規定一定要講多長時間，但如果是同時有很多人要依序個做自我介紹，你就不能占用太多時間，一般一至兩分鐘比較合適。同時，如果講得太冗長，資訊量太多，對方也不一定記得住，不如少而精，讓簡短有力量的內容讓對方記住會更好。

3. 內容簡單易懂

　　切勿使用深奧難懂的專業術語。如果你是個軟體工程師，和你交流的人都不懂專業技術，想要讓對方容易理解，就需要盡量把你的專業名詞用通俗的語言來表達，或者，在說出專業名詞後，立刻給出一個通俗的類比解釋，讓對方一聽就懂。

　　比如，你是做區塊鏈的技術人員。區塊鏈專業定義：是

一種基於網路的新的技術，擁有一次釋出、全網都知道，並且不能篡改的特性，它可以改變人與人之間的信任方式，未來可以不用擔心承擔仲介身分的人或機構從中作惡。

普通人可能明白字面意思，卻不能完全理解區塊鏈的含義、作用，以及和他本人有什麼關係。你用通俗的語言可以這樣說：區塊鏈可以讓借你錢的人不容易賴帳。你以前借錢給朋友，口頭協定很容易出現賴帳。即使有借條，對方還是可能會賴帳，即使訴諸法律，成本也非常大。而現在如果採用區塊鏈技術，可以確保你和對方完成借貸關係後，會通知你們所有的朋友和家人，甚至是不認識的人，並留下不能篡改的記錄，相當於雙方都有了一個信譽記錄公佈全世界。同時還有相關的技術，可以確保對方即使賴帳，也有可能把錢拿回來。

這樣聽下來，是不是就比較容易明白了呢？

■ 二、能被快速記住的自我介紹方法

1. 特色講解名字

在社交場合最簡單直接的自我介紹套路：我叫什麼名字，同時介紹名字的特殊含義，或者解構這個名字，這樣可有效加深大家的印象。然後再加上我做什麼工作，有什麼興趣愛好，最後一句，很高興認識大家。基本上一至三句話就能說清楚。

有特色地介紹自己的名字，讓別人一聽就能記住。比如：

案例 1

　　一位名叫王雲的朋友，他說：「我叫王雲，我的名字很好記，王健林的王，馬雲的雲，可惜我不是他們共同的兒子。」

案例 2

　　演員黃西，在用自己名字做自我介紹時最常用的方式是：「大家好，我叫黃西，黃瓜的黃，西瓜的西。」是不是把一個本來很平常的名字瞬間記住了？如果是容易誤解的名字，需要補充說明。

　　中國的文字大量存在同音不同字的情況，如果不做說明，很容易讓人搞混，為了避免對方誤解，適當補充很有必要，也更加容易讓對方記住。比如：「周」與「鄒」，前者可以說「周朝的周」，後者可以說「鄒是鄒忌諷齊王納諫的鄒」「拳王鄒市明的鄒」，「陳新」與「程心」前者可以說「陳是耳東陳，新是新舊的新」，後者可以說「程是工程的程，心是心心相印的心」。

　　其實，就是把容易誤解的字，用大家都一聽就明白的資訊進行結合，這樣就不會產生歧義。

2. 個人標籤

所謂標籤，就是你的某個身分或職業，或特色的濃縮。

比如，你是一個軟體工程師，直接說你是一個軟體工程師，別人會無感，如果是在一個知名的公司裡做軟體工程師，但同時你還喜歡唱歌，或一些和軟體工程師反差很大的形象，就可以結合在一起說出來 —— 例如，「我是一個超級麥霸的電商軟體工程師」，或者「我是一個會攝影愛旅行的 IT 宅男」。

比如，以我自己為例，我對外都用「迎刃」這個名字，大家聽到第一反應就是迎刃而解這個成語。我就這樣說：「你好，我叫迎刃，迎刃而解的迎刃，我是做自信溝通方面自媒體與培訓的，叫這個名字，也是希望能幫助很多需要提升自信溝通的朋友，解決他們的問題，使他們迎刃而解。」

我把網名融入個人介紹裡，而且還有一語雙關的含義。然後，我會接著反問對方，怎麼稱呼，是做什麼職業，只要對方接話，就可以圍繞對方的內容，進一步尋找聊天話題。

當然，我也並非每次都用同樣的自我介紹，以上屬於比較正式的介紹場合，我會把現實生活與我網路的形象進行區隔，因為我畢竟不是什麼名人或網紅，所以線下的聚會，我都會做比較低調的自我介紹，不太表露自己在網路上有大量粉絲和做自媒體的情況，因為說出來別人也不知道，而是在

簡單的自我介紹後，在言談交流中慢慢展現出我的能力或知識面。

三、自我介紹簡易套用模板

有了前面的理論，我們就來套用實踐一下，這裡採用自我介紹三步法。

1. 開場白

多以向受眾問好為主。

比如：大家好，很高興認識大家，我是第一次參加這個活動。

2. 內容

可用上面提到的方法，介紹自己的名字、職業、愛好、特點、來參加活動的目的等。

3. 收尾

結束時，一般採取「展望」＋「感謝」的模式。比如：看到活動介紹主題非常有意思，希望今天能有豐富的收穫，非常感謝能認識這麼多新朋友。如果是一對一或人不多時，就不用第三步。

以上模板簡單到不能再簡單了，是既言之有物又容易讓別人對你產生記憶和信任的自我介紹套路。總而言之，自我

介紹成功的關鍵,就是根據場合、人群的不同,適當調整說話內容,然後在自我介紹三步驟的框架下,組織讓人容易記住的內容。有特殊的內容,自然讓別人對你印象深刻,也更容易拓展社交圈,結識更多新朋友。

第四節
內向者易受他人影響，如何應對

很多年前，我在上海工作，有個合租的室友。此人平時熱愛健身，身材魁梧，性格豪爽，但也生性敏感，同時換女朋友比較勤，經常帶不同的女生回家過夜。我一度非常擔心，我如果把他不同的女朋友叫錯名字，會不會給他帶來麻煩。

直到後來發現他女朋友較為固定，隔三差五就過來住，也打過幾次照面，聊過幾次天，對方非常開朗，我覺得應該互相認識一下，就當著室友的面，順口問了對方電話。沒想到第二天，室友就私下和我說：「不要聯絡我女朋友，這樣不太好……」然後就是一大堆理由。

我就比較詫異，我只是覺得大家開始慢慢相熟，方便有事情聯絡，而且我也沒有絲毫其他意思。要個電話好像也沒什麼（那個年代還沒有 Line），就像現在大家剛認識，如果覺得蠻聊得來，也會順便加個微信。

還有一個已經失聯多年的朋友，脾氣一向比較暴躁，也高度敏感。別人不經意的一句話，就會讓他思量許久，且容

易把對方某個正常的行為解讀為較為負面的回饋。

　　有一次我提議一起去外地辦事，處理完後，我就順便去拜訪我一位久未見面的朋友，吃飯聊天大半天，才回去和他匯合。不知是哪句話刺激了他，他馬上就進入發飆狀態，用非常惡劣的語氣指責我，說這次去辦事，明顯是我有私心，是為了自己去見朋友，才提議一起去辦事的，總之就是讓我有口難辯，最後還是我用發誓的語氣說：我真的是順便，沒有私心。

　　但問題是就算我是特意專門去拜訪我朋友，好像也沒傷害他的感情或侵害了他什麼利益，從此我和他說話都變得小心翼翼了。他後來也自稱，前女友就是因為他的多疑，最終受不了了，才提出了分手。他雖然就不應該懷疑我這一點向我道歉，但後來還是不斷會出現此類情況。

　　另外一個女性朋友，每天在跟人交往時，都會感覺別人在背後談論她，容易受別人的影響，總會把一件很簡單的事想複雜。她為了避免自己的這種狀態被人發現，會不自覺地用「高冷」的形象來掩飾內心的不安，結果反而讓別人產生了一種錯覺：這個人太高冷，太清高，太冷漠，漸漸地她的朋友也越來越少了。我也曾勸過她，但她就是過不了自己這關。

　　為什麼我們這麼容易玻璃心，這麼容易受他人的影響

呢？有解決的辦法嗎？高度敏感不是缺陷，但有利也有弊。發揮優勢，控制劣勢，就能解決容易受別人影響的問題。高度敏感的人的優勢有：更擅長找出錯誤，避免犯錯，會經常反思自我，比較能專注做事；但最大的劣勢，就是容易受外界和他人狀態與情緒的影響。

一、敏感招人煩，但有原因

這樣敏感的狀態、性格能改變嗎？答案是肯定的。從心理學角度解釋，「敏感」是人察覺、辨別以及反應的能力，包括對自身情緒的認識、對週遭環境變化的響應，以及對他人感覺的反應。你過於敏感，導致你接收的外界訊息都會被過度放大。比如，對方隨口開玩笑地說你胖，一般人的反應（理解為善意）是反過來開對方玩笑，而你的反應（感受到惡意）是你受到了嘲諷。或是有人提出他個人覺得對的看法（實際可能是不同的人有不同的見解），一般人的反應會覺得是各抒己見（中立），而你的反應（負面）是受到了指責。所以，你產生的感受都被扭曲，產生誤解誤會。

雖然，會有情商低、亂說話的人對你進行過度的語言傷害，但你可以區分對方是對所有人都這樣，還是只針對你。如果他對所有人都是如此，那說明是他的溝通表達方式有問題，而不是你的問題。你可以選擇無視他，遠離他。如果只

是針對你一個人，那也需要你反思，是不是你在表達上，還有很多可以改善的空間，以使對方不會有過激的反應。

　　一般過度敏感容易受影響的特質，多半是人在心智還不夠成熟的成長過程中，受到過一些強烈的情緒刺激。比如，某個同學、同事、朋友一時情緒激動，說了一些傷害你感情的重話，或是做出了過激的行為，使得你當下的情緒反應強烈，由於你內心不夠強大，自我認可程度不夠高，會產生自我懷疑：是不是我哪裡做得不好，對方才生氣的。如此反覆幾次後，漸漸就留下了心理陰影，以致後來再出現類似情況時，你的敏感情緒就再次被激發，導致你的情緒低落。

　　說白了，就是「一朝被蛇咬，十年怕井繩」。「敏感」在我們的文化中，通常被視為弱點，特別是當高度敏感的人處於壓力下時，很容易為過多的感官刺激所累，如需要去做太多的事情，或者需要面對太多的人時，覺得要被壓垮了。他們經常會表達出自己的情緒，無論好壞，所以通常被認為是反應過度，而這種激烈的反應，也讓人覺得是因為無法更好地處理所遇到的事情。

　　其實，並非如此。人們常常會把「敏感」誤認為「過度敏感」。而兩者是有本質的區別的。「過度敏感」更應該被認為是一種情感的脆弱。當別人說出一句很無辜的話時，會被過度敏感的人曲解成另外一種意思，然後導致了不好的結

果。而如果長期這樣，那也會讓你感到長期處在陰霾裡，導致大家都不敢說話。所以久而久之，大家總是把「敏感」標記成一種負能量。而敏感也被簡單地劃入過度敏感的範疇中。

古龍說過，這是人類的通病，在一個人自覺渺小生出自卑的時候，他的心情就會分外敏感，受不得一絲刺激，若他心中坦然，他就會知道人家這句話根本不是在說他，更沒有瞧不起他的意思。

總之，適度敏感有益，過度敏感招人煩。

■ 二、敏感的優勢也很明顯

敏感也可以轉化成一種健康的力量。敏感的人擁有以下五種特性，而這些都是能讓人變得更好的力量。

（1）細節感知能力。敏感的人的突出優點之一，是他們擁有豐富的細節感知能力，容易察覺生活中的各種細節，比如衣服質感的細微變化、食物烹飪時發出的香氣、樂器發出的美妙音樂、大自然中顏色的微妙變化，甚至包括人們走路，或者車輛開在路上的一些小細節。這些微妙而細微的刺激，對於他們來說都是強烈的。

對細節的這些察覺，會產生一種對美好生活的欣賞，會更容易發現生活中的美，然後清楚地知道，對生活要充滿感激，從而更加能夠體會日常生活中的幸福和快樂。

（2）意思上的細微差別。敏感的人還容易察覺到別人意思表達上的細微差別，這有助於其更謹慎地採取行動，更小心地去選擇，以及更仔細地考慮可能出現的後果。

（3）情感意識。敏感的人比其他人更了解周圍的環境，能夠更加清楚地意識到自身內心的情感狀態，所以能更容易理解自己何時受到壓力，何時會被壓垮，以及何時需要安靜，使自己能正視並面對困難，而不是去逃避。而這恰恰說明，他們有比其他人更能照顧好自己的潛力。

（4）創造力。創造性的追求為高敏感的人提供了一個管道，可以讓高敏感的人將精力放在從事更積極的事情上。當面對困難時，在藝術作品中表達自我的能力可以為其強烈的情感提供出路。

（5）同理心。敏感的人會很自然地站在別人的角度看待問題。在給別人認同感的同時，也會培養自己對人性的認識。此外，高敏感的人對虐待、忽視或者苛待他人的憎惡，讓他們更有動力去支持和維護自己的信仰。

■ 三、讓敏感轉變成健康的力量

當意識到敏感可以轉變成健康的力量時，你就會相信自己可以在艱難險阻中前進。當你相信自己是個強大的人，有能力運用自身的能力處理所遇到的事情時，你將意識到，不

需要依靠其他人，或者其他的外部條件，你自己也能很好地應對挫折。而當你變得相信自己時，你會發現自己變成了那座力量的燈塔，能夠在無數經歷暴風雨的夜晚，照亮你的心。

敏感不是一種刑罰，其不會懲罰你們只能去過那種面對過度的刺激，或者因壓力到處躲藏的生活，以及那種總在想著如何在這充滿挑戰的世界保護自己的生活。敏感其實是一種天賦，當你清晰地意識和察覺到這一點時，你就會變得更堅強，也會發現，在此過程中，你變得越來越自信，越來越自愛，越來越容易去愛和接受這個美好的世界。要想變得不過度敏感，不容易受他人影響，讓自己過得更開心，就需要糾正這種情緒反應的過程。

你現有的反應是：受到傷害→過於敏感→感覺被曲解→情緒容易受影響→導致人際關係變差→惡性循環。

你要改變的路徑：知道是心理陰影造成的反應→對他人的回饋保持中立→改變思維模式→增強自信→實踐收穫正向回饋→良性循環。

「改變思維模式」這個環節就是改變自己不容易受到他人說話影響的關鍵點。讓自己在溝通中不過多產生負面情緒，積極投入地與人溝通，光是在主觀上強迫自己要去掉負面思維，是做不到的。

在此引用心理學上的「情緒 ABC 理論」：A（activating

events）代表誘發事件；B（belief）代表個體對這一事件的
看法、解釋及評價，也就是「信念」；C（consequence）代
表繼這一事件後，個體的情緒反應和行為結果。

　　一般人都會認為，誘發事件 A，是導致一個人情緒反應
行為結果 C 的主要原因。但實際上研究發現，真正產生負
面思維和行為的，是你對這個事情的看法 B，即思維模式。
也就是說，只要想辦法改變思維模式，就可以改變你的負面
想法。

　　假設：

　　A 是你同學、同事、朋友對你的評價，而這個評價很有
可能是中立的；B1 是你認為對方是負面評價，你 C1 的情緒
也是負面的；B2 是你認為對方是中立評價，甚至你反客為
主，開對方玩笑，化解尷尬，你得到 C2 情緒就是正面的（見
圖 3-2）。

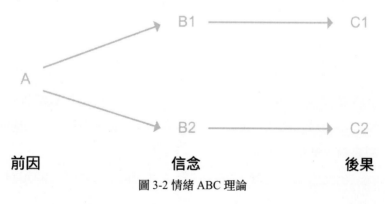

圖 3-2 情緒 ABC 理論

　　所以，你需要先建立起自信，要認可自己做人並不差，你要採取積極的溝通方式，比如，當你再次感受到情緒受到了影響時，你可以主動提出你當下的想法，也許對方理解你，並進行了解釋，說並不是在打擊你，而是就事論事，那你得到的反應是不是就不是負面的呢了？

　　只要你嘗試和體驗過幾次這樣正向的回饋，你就會慢慢地改善自動化的負面情緒的惡性循環。這裡同時建議你多學習一些情商、人際溝通方面的知識，這有助於你改善現有的人際關係。

　　不要那麼敏感，也不要那麼心軟，你的生活會快樂很多。

第五節
三種邏輯說話套路提升你的表達力

接觸過很多「嘴笨」的朋友，他們普遍反映，和別人溝通某件事情時，明明心裡知道，可很容易詞窮，不知道怎麼說會比較有內涵，感覺說著說著，就會語無倫次，自己把自己說亂套，或是對方丟擲一個質疑，自己反應很慢，半天不知如何回應，可回到家才想明白，其實自己可以用某種方式答覆。他們普遍比較羨慕那些口才好的人，羨慕他們隨便什麼話題都能滔滔不絕，口若懸河，頭頭是道。

有個小故事，一個客人到飯店要了一隻雞，但沒吃，讓服務生換成魚，吃完魚後直接走人，被服務生叫住問要錢。

食客說：要什麼錢？

服務生說：你吃了一條魚。

食客說：魚是用雞換的呀。

服務生說：那雞呢？

食客說：我沒吃雞呀。

服務生說：你是沒吃雞，但你吃魚了呀。

食客說：對呀，魚是我拿雞換的呀。

服務生說：那雞呢？

食客說：雞我沒吃呀。

服務生被食客繞暈了，又說不出食客哪裡錯了。服務生沒搞清楚吃飯與給錢的內在邏輯，其實只要服務生說，來飯店裡吃了東西就要給錢。凡此種種的表達能力不足的狀況，皆因缺乏有效的邏輯表達能力，或是缺乏釐清事物邏輯結構的能力。

那我們如何解決表達缺乏邏輯的問題呢？每次都想說清楚，同時想說服對方，可事與願違，最後還是鬧得不歡而散。其實，你只要掌握了簡單有效的邏輯表達方法，就可以提高表達能力。表達能力不好的人經常會被別人批評，說表達能力太差，聽不懂。那所謂好的表達能力，其實就是你說話有邏輯，而這個邏輯就是一種說話的套路。如果可以快速組織語言，並能讓對方一聽就懂，那麼就不會產生誤解，更容易說服對方採取行動。

這裡介紹三種邏輯表達技巧給你，可以一學就會。

1. 5W1H 邏輯表達法

很多人敘述一件事情缺乏邏輯，讓人感到不知所云，其實是在陳述事情時內容元素不夠完整，或是邏輯順序混亂，聽眾缺失重要資訊，所以才導致聽不懂、不明白。其實，只要你在表述一件事時，能盡量涵蓋 5W1H 元素就能讓事情表達清楚（見圖 3-3）。

圖 3-3 5W1H 邏輯表達法模型

　　5W1H，分別是 Who（人物）、Where（何地）、When（何時）、What（做什麼，是什麼）、Why（為何）、How（如何做）。

　　順序可以根據具體情況顛倒，但又不能太亂。比如，正常邏輯順序一般是 Who（人物）要放在最前面，然後才是地點、時間、事情。但如果你不先說是誰，先說做什麼、怎麼做，可能會讓聽者產生誤解，有時甚至是同一件事情，換不同的人做會使結果差別很大。

　　例如，主管問你某某產品做得怎麼樣了？你可以這樣說：「我們小組（Who）根據之前制定的計畫，已完成一半了，並同時在多個平臺（Where）進行了數據測試（What），為我們團隊加速研發提供了大量有用數據，加上溝

通效率與配合度高（How），預計可以提前 1 個月（When）完成專案。由於此前另一個專案也很急，現在專案如果順利提前完成，也能讓團隊盡快投入到另一個專案的開發，為公司創造更多的收益（Why）。

一句話就把相關要素全部涵蓋，讓對方一次性了解所有重要資訊，溝通一次到位。

2. 三點神邏輯，超有說服力

你表述一件事，盡量用三個要點說完，會顯得你說話有條理。一般口頭表達，你能脫口而出說三點，容易讓人感覺你表達的觀點很有說服力（見圖 3-4）。

為什麼是三點呢？

因為三是普通人最容易記住的數字，太短顯得不夠豐富，太多顯得冗餘。人類的短期記憶，容易記住三件事，超出三件則較容易忘記。這也就是為什麼「三」這個數字，在我們的生活中經常被用到，比如，很多電影都是以三部作為一個系列，魔戒三部曲、星際大戰三部曲，駭客任務三部曲。很多名詞都以三開頭，三個火槍手、三國演義、三顧茅廬、三個臭皮匠賽過諸葛亮、三打白骨精、三刻拍案驚奇、三言二拍、三笑姻緣、三俠五義、三字經等，數不勝數。

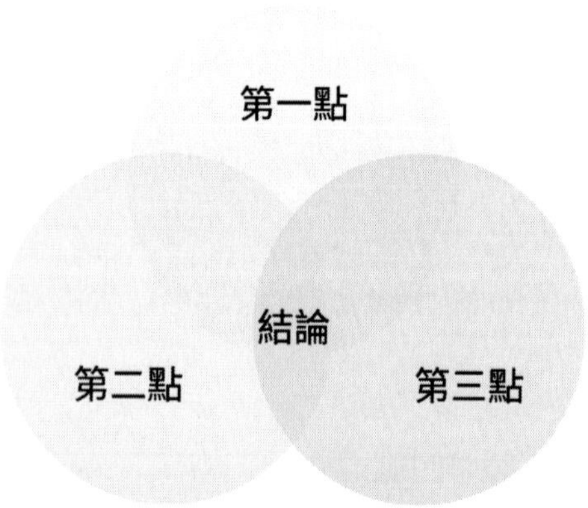

第一點

結論

第二點　　　　第三點

圖 3-4 三點神邏輯

　　三代表著穩定，三代表著可靠，三角形會給人一種很穩定的感覺。所以，你在發表觀點時，一開頭就告訴大家，以下內容有三大點，可以讓人感覺你很有自信。

　　舉例說明：上司要你對一個任務提出一些建議。你可以脫口而出：我對這件事情的看法是這樣的，有三個方面。

　　第一點，這個事情涉及人員如何如何；

　　第二點，需要合作方提供某某支持；

　　第三點，需要對這個任務設定時間期限。

　　把一件事情涵蓋的訊息，盡量拆抽成三個內容，依次說出來，就顯得既有條理，又有說服力。雖然看上去很簡單，但如果你日常不做這方面的訓練，遇到複雜的事情，需要快速進行高度概括時，你無法馬上脫口而出。

　　日常你可以這樣訓練：

如你要和同事或上司溝通你接下來要做的一個專案的內容。你可以把與這個專案有關係的問題列出來，用三句話解答，並反覆刻意練習。

1. 這個任務的難點是什麼？
2. 這個任務需要什麼資源配合？
3. 這個任務需要給你多少時間？

從今天起，你每天都去思考你當天要做的工作內容，以及要和同事溝通的事情，按照這樣的方式進行類似的累積，當你訓練一個月後，很快就會掌握這個技巧。

3. 三級說服金字塔

一般情況下很多人說服別人用的方式，無非就是這三種類型的語言：利益、邏輯、情感。但大部分人都只用到了其中之一，效益甚微。

想讓對方願意聽我們的想法，並能說服對方採取行動，可以用「三級說服金字塔」（見圖 3-5）。

不同的人對這三種類型的需求不同，可以有針對性地側重偏向其中一項，同時配合其他兩項混合使用。

由於一般人只擅長利益、邏輯、情感中的一種，同時在沒有了解對方性格偏好的情況下，用了不對胃口的說服類型，效果自然差強人意（見圖 3-6）。

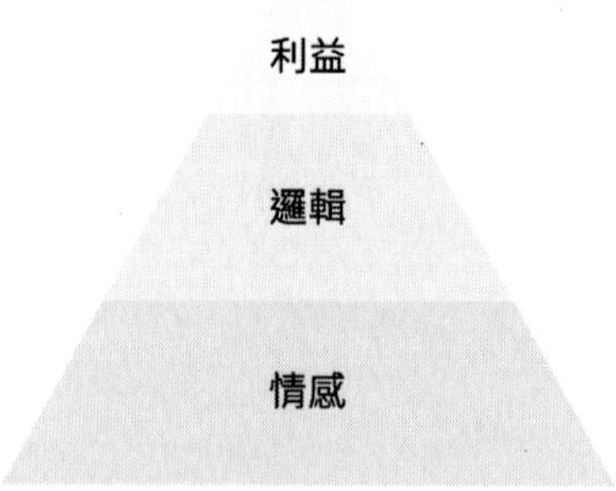

利益

邏輯

情感

圖 3-5 說服金字塔模型

利益

邏輯
情感

利益優先型＞訴諸得失

利益

邏輯

情感

邏輯優先型＞訴諸理性

利益

邏輯

情感

情感優先型＞訴諸感性

圖 3-6 說服金字塔效果不佳模型

最後，卡內基說過：一個人的成功，15% 靠技術知識，85% 靠口才藝術。所以掌握有說服力的表達能力對你能否成功至關重要。缺乏邏輯表達能力，日常生活閒聊沒太大影響，而你要說服某人，按照你的期望去行動就很難。以上三點是很容易入手的基礎套路，希望可以為你開啟提升表達能力的一扇新大門，從此不再嘴笨反應慢。

第六節
三種溝通公式讓你說話有分寸

　　《戰國策》裡蘊含了大量的溝通智慧,《觸龍說趙太后》的故事充分說明了說話有分寸是多麼重要。趙太后剛執政根基不穩,秦國乘人之危進攻趙國,趙太后不得不向齊國求救,而齊國卻提出讓長安君到齊國做人質作為出手救援的條件,寵愛孩子的趙太后不肯答應,大臣們紛紛勸諫,惹得太后暴怒。觸龍並沒有像別的大臣那樣從正面進行勸諫,而是避其鋒芒,避實就虛,先和趙太后聊生活起居等一些瑣事,作為緩和氣氛的過渡。然後又談論起自己的兒子,希望為兒子的仕途鋪路,然後又談及太后疼愛女兒高過兒子,但太后卻說自己更疼愛兒子。

　　觸龍接話說,太后種種為女兒考慮的行為,雖然表面看上去不夠疼愛,但實際上讓女兒受到更多的考驗,才能讓她更堅強,更容易延續後代。最後讓太后明白,如果長安君不經受足夠的磨練,將來就不具備足夠的能力擔當大任。觸龍有分寸的說話藝術,使太后不知不覺自己被自己說服了,明白了不經歷風雨不能見到彩虹的道理,於是安排長安君到齊

國做人質，趙國才得以保全。

有粉絲問，自己由於缺乏人際交往的經驗和方法，經常會不自覺地說錯話，得罪了很多人，慢慢地就被其他人排擠，但他內心並不是真的想和對方作對。所謂說話有分寸，就是用恰當的措辭，讓對方聽著舒服，以達到自己的溝通目的。反之，沒分寸，就是你表達的和有分寸時是同一個意思，但言辭激烈，或沒考慮到對方的心理感受，而讓對方產生了牴觸情緒，以致人際關係緊張。

那具體如何做才能讓說話有分寸呢？這裡提供三個把握說話分寸的技巧。

一、婉拒公式：歉意＋理由＋補償方案

拒絕他人時，盡量避免使用「否定」的表述方式。

直接用「不」拒絕，即便是脾氣再好的人，也或多或少會感到不快。

在你不得不拒絕他人時，可以採用「歉意＋理由＋補償方案」的方式作為一個婉轉的拒絕組合拳，打給對方。

1. 歉意。表現出你的謙遜和禮貌，從感情上讓對方降低牴觸情緒。

2. 理由。表現出你的拒絕有不得已的原因，從邏輯上說服對方。

3. 補償方案。表現出你會為對方著想，從利益上讓對方不
會有損失的感覺。

比如說，同事邀請你一起週末聚餐看電影。

不建議你這樣說：「不行呀，那天很忙，不用叫我了。」

你可以這樣說：「小明，感謝你的邀請，但非常不好意
思（歉意），我之前已經預約了一個客戶談合作（理由），我
們下週末再聚可以嗎？（補償方案）」這樣說完，基本上你
同事或朋友，是不會太責怪你不給面子的。

這個婉拒的組合邏輯，正好符合我前面提到的「三級說
服金字塔」的理論。

「歉意」對應「情感訴求」，「理由」對應「邏輯訴
求」，「補償方案」對應「利益訴求」。這個婉拒公式就是三
管齊下，一網打盡。你做到有禮有節，對方從任何角度都無
法再強求你，是拒絕別人的最佳說話套路。

二、表明不同觀點避免失和公式：
不直接反駁＋認可對方＋新話題

當對方提出一個看法時，如果你不認同，不想傷和氣，
又想讓對方接受你的觀點，可採用「不直接反駁＋認可對方
＋新話題」的方式。

如果兩人在溝通時，雙方都在不停地否定對方，最終結

果是：要麼吵起來，要麼不歡而散。最典型的就是槓精，什麼事情都要反對你。

反駁只會終止溝通，造成氣氛尷尬，於你的人際交往無益。你可以採取如下說話套路。

（1）不直接反駁。如果你們只是閒聊，又不涉及侵害對方利益，其實沒必要進行這種「無意義反駁」。可以不用提出直接的否定字眼。

（2）認可對方。如果你不認可對方觀點，你也可以採取中性的表達作為過渡，讓對方感到被尊重，達到讓對方以為你是認可他的目的。

比如你可以說：你的觀點很特別；你的想法很有意思；你總是語出驚人。

（3）新話題或新建議。此時，你就可以發表你的看法，即使你的看法和他完全相反，對方也不會感受到被否定和冒犯，因為你只是陳述一個想法或事實，會顯得比較理性、客觀、中立。

然後你們就可以圍繞這個話題，交換更多想法，這樣反而能激發出火花。

舉例：對方提議一起去吃麻辣火鍋。不建議你這樣說：不好，我不喜歡吃辣。你可以這樣說：哎喲（不反駁），你這個提議不錯喲（認可對方），我聽朋友推薦，這附近新開

了一家米其林一星的粵菜,據說非常好吃又不貴,我們要不
要去試試(新話題、新建議)。

三、表明不同觀點避免失和公式: 肯定部分觀點＋提出新觀點＋虛心請教

這個方法和前一個方法有些類似,但又有細微的不同。
前一個方法是間接委婉地提出另一個建議方案,讓對方接
受。而這個方法適用於肯定一部分觀點但不認同另一部分觀
點的情況,如果否定,還是可能會傷及對方自尊,所以還是
用組合拳來溫柔地化解吧。

1. 肯定部分觀點。從對方的看法裡,找出你認同的部分或
   優點。

2. 提出新觀點。在認可對方的同時,提出新想法,給對方
   作為參考。

3. 虛心請教。最後,加上一句謙虛疑問句作為結尾,給予
   對方尊重。

舉例:對方提出一個市場推廣方案。不建議你這樣說:
「我覺得不夠好,這個方案應該這樣做才行。」你可以這樣
說:「我覺得和多個熱門品牌聯合做「雙十一」活動,這個
部分非常有創意(肯定部分觀點),但如果能同時找到一個
一線品牌來做背書,效果就會更好了(提出新觀點),您覺

得怎麼樣？（虛心請教）」

《菜根譚》中說：「使人有面前之譽，不若使其無背後之毀；使人有乍交之歡，不若使其無久處之厭。」意思是我們在說話上要知道一些方法、把握合適的分寸，只有這樣才能做到剛認識就讓人喜歡，認識久了也不會讓人討厭。

會說話是一門藝術，同一個意思，不同的表達，帶來的效果截然相反。不成熟的說話方式，就像還不夠成熟的汽車自動駕駛技術，完全由著性子直來直去，無形之中就會傷到友誼和情面，人際關係每況愈下，而你可能還不自知，最終可能會讓自己發生無法預料的「車禍現場」。

其實，說話做到有分寸的方法還有很多，以後會陸續分享或製做相應的高情商溝通課程為大家深入解決這個問題，以上三點只能算是基礎入門，希望可以幫你找到一條提高說話技巧的捷徑，成為一個人見人愛的人。

第四章
內向者如何在職場受歡迎

第一節
如何克服職場溝通的緊張情緒

　　我接觸過很多剛畢業、初入職場的新人，他們說由於過往的一些負面成長經歷，以及學校、父母都沒有教自己如何在社會上、職場上進行有效的人際溝通，致使自己進入一個新公司時，很容易在與不熟的同事溝通時感到緊張放不開，對主管更會如此。

　　如果你氣場較弱，說話也不敢太大聲，在同事面前也顯得很沒底氣，唯唯諾諾，這種情況下如果遇到了壞心眼的同事，就很容易遭到欺負或排擠。以上原因會使你越發不敢說話，只埋頭做事情，那麼你在公司裡就顯得沒有存在感。想升遷加薪，不是光靠努力和業績就可以的，還需要學會與同事、主管打交道，因為有些工作不是你一個人就能完成的，而是團隊合作的結果。你如果無法和其他人進行不緊張且有效的溝通，那是無法提高工作效率的。

　　對於實習生或處於試用期的人來說，如果你的綜合表現不理想，很難被你的同事和主管認可，那你留下來的可能性也會大幅度降低。

　　我自己也年輕過，也是從一個職場小白開始做起的，踩過很多坑，吃過很多虧，我希望能用我的經驗來幫助大家，使大家少走彎路，儘早和同事們愉快相處，為以後能升遷加薪做準備。

　　要克服職場溝通的緊張情緒，需要先了解三大思維失誤與三種應對方法。

一、導致緊張的三大思維失誤

　　有三種常見的溝通思維失誤，你需要先讓大腦能認識到這個錯誤，並從內心扭轉這個認知偏差，然後再輔助後面教給大家的訓練方法，你才能一步步地調整過來。

1. 躲避發言，只想做個隱形人

　　很多人認為自己說話能力差，又不需要做與別人溝通的工作，於是能躲就躲。

　　躲避發言是害怕自己說得不好，得到負面評價，如果你因為害怕說錯話而躲著不發言，做個隱形人，那只是越來越不擅長。

　　當你不擅長一件事，主要原因是經驗不足，沒有成功的當眾發言的體驗，你就會覺得這個事情你無法掌控。而且也覺得自己沒什麼機會練習，其實我們不是沒有機會，而是我們刻意逃避機會。事實上，能當眾說話的訓練機會和環境非

常多。比如，你如果是學生，班會、學校的演講比賽、各種
活動場合都可以練習。

如果你是個上班族，除了公司裡的小組、團隊溝通外，
還可以參加社會上的各種興趣活動，或是和你的專業有關的
行業交流聚會。你還可以直接參加各種練習演講、辯論的團
隊，參與的人都希望改善自己的表達能力，所以你不用擔心
你的技能差，可能會有比你更差，但和你一樣想改變的人，
而且很多活動是免費的。

我有個朋友就和我類似，小時候也不愛說話，但工作需
要每天和不同的人交流，日積月累，竟然也變得很能說。如
果說話這件事對我們很重要，你卻因為害怕只躲在角落裡沉
默，像隱形人一樣，那你是無法累積實戰經驗的。所以，改
變的第一步就是先增加訓練機會，累積成功和失敗經驗，只
有這樣你的說話實力才會不斷精進。

2. 認為會說話是天生的，學什麼也沒用

很多人認為自己說話能力差是天生的，其實，說話能力
差是因為訓練不夠。這就是明顯的錯誤認知，任何技能都需
要刻意練習才能掌握。就連美國總統的各種演講，都需要提
前演練以避免出錯，更何況我們呢，身為普通人的我們更要
多加訓練。除了有生理缺陷的人無法說話外，一般人都能
說，但卻不一定會說話，而且他們不理解，說話這件事情其

實是可以發展成一項技能的。

　　總之，你正因為不擅長說話，才需要有計畫地、刻意地每天和不同的人練習，來讓自己變得熟練，因為熟練是不緊張的前提。除了日常多和朋友、同事練習外，增加自己當眾說話的機會，比如會議發言，或是報名溝通訓練課程等，都是快速提高溝通能力的方法。

3. 以自我為中心，不管別人能否聽懂

　　有些人會自以為是地覺得，就算自己講得沒那麼好，別人也不至於聽不懂，所以也懶得改進自己的溝通能力，這種以自我為中心的人，不反省自己的問題，而是把責任都推給別人，不改變這種錯誤思維，是無法克服說話緊張、溝通不暢的問題的。要解決以上狀況，需要先建立正確的溝通觀念，只有在心裡認識到解決問題的關鍵點，才可能提高你的說話能力。

二、緊張時應對生理反應的方法

1. 呼吸調整法：應對心跳加快、呼吸急促

　　人處於緊張狀態時，心跳速度明顯加快，呼吸也會變得急促，這些生理反應會直接影響語言表達。這是由於人對自己未知且不能掌控的事物，容易產生緊張情緒，進而導致心跳加快、呼吸急促，這是一種大部分人都會有的正常生理與

187

心理表現，不用過分擔心。這種情況是因為根植於我們基因裡的一種自我保護機制在發揮作用。遠古時期，原始人每天都要面對各種猛獸或會帶來潛在威脅的事情，人為了能存活下去，逐步演化出這種對未知事物的敏感性，如果你沒有這種警覺性，就很容易死掉，也就無法延續你的基因。

　　另一個讓你緊張的原因是，擔心聽眾對於你說的內容不認可，不確定別人如何看待你，你也怕自己說得不夠好，會受到負面的評價。這樣的心理會導致你變得過分在意表達的過程。我相信很多人都有過這樣的經歷：越是在意一件事，就越容易放不開，容易緊張，以致帶來生理上的說話不俐落。

　　你肯定會問：那為什麼別人在當眾發言時就不會緊張，而只有我會呢？這是你的認知偏差造成的。沒有人天生就會說話，都是後天父母教的，你也不是天生就會識字寫字，都是在學校裡老師教的。這種當眾發言也是一種技能，由於父母老師可能都沒有專門教過你，導致你並不擅長，也是很正常的。這就像對大部分人來說，騎單車、電動車是很簡單的事情，但還真有人不會。如果這項技能你經常要用到，就有必要學會。

　　很久以前，在一個公司內部會議上，我由於準備不充分而突然語塞，當時腦子一片空白，同時也感受到了同事們和

主管的異樣眼光，臉紅心跳，頭一直冒汗，我意識到了我因為說不出話而讓整個場合變得很尷尬，但我又無能為力。這是因為我過度緊張造成呼吸不暢，進而導致我無法正常發揮自己本該有的實力。

應對緊張最好的方法，就是在開會之前找個安靜的角落，閉目養神 5 ～ 10 分鐘，同時透過調整呼吸讓自己的身體和神經放鬆，讓自己的呼吸慢下來，比如，讓自己的吸氣由原來的 0.1 秒變成 5 秒，呼氣也一樣，就是慢慢減小呼和吸的頻率。一次呼吸時間大約 10 秒，一分鐘大約 6 次，5 分鐘就是 30 次，10 分鐘就是 60 次。透過調理呼吸，可以讓自己做到生理性的放鬆。

如果你不容易集中注意力，容易胡思亂想，還可以用數呼吸式的冥想來讓自己消除緊張。具體方法如下。

1. 找個安靜環境和舒適的椅子坐下，然後每次透過自己數自己呼吸的次數，來達到集中注意力的目的。

2. 從 1 數到 10，然後從頭開始，或者數到 100 也可以。

3. 每當大腦開始胡思亂想時，就把思緒拉回到呼吸和數數。

4. 如果數著數著忘記數到幾了，可以從 1 開始重新數。

5. 總之，數數不是目的，只是為了幫助你不分心、增強冥想，以達到調理情緒的效果。

這個方法非常有效，請多多練習實踐。如果在發言時還是緊張怎麼辦呢？如果你用了本條技巧，以及後面教的多個方法，並進行為期 1 ～ 2 個星期的訓練，緊張的情況就會大幅度降低。不用過多擔心。

2. 動作放鬆法：應對身體僵硬

為了避免身體僵硬，也可以在說話前先做一些放鬆動作。不要聳肩，把肩膀自然下垂，人在緊張時，肩膀會變僵硬，連帶著脖子也會跟著一起僵硬，進而造成喉嚨的肌肉擠壓，發不出聲音。這時，你需要在說話前做一些熱身運動。

運動員在正式比賽前，都會做熱身運動，讓肌肉進行適當的伸展，這樣做既可以避免肌肉拉傷，又能讓身體與心理都處於隨時出擊的狀態，做這樣的準備肯定比不做會令成績更好。換到當眾發言也是類似，尤其在你還不擅長的時候，更需要提前做一些準備，有備無患，以最大限度地降低你的緊張程度。可以用以下「漸進式肌肉放鬆法」來解決。

具體做法是透過放鬆幾組肌肉群來控制焦慮。身體僵硬是由於焦慮緊張產生的過程中引起了肌肉緊張，然而肌肉的緊張會帶來更多焦慮，就形成了惡性循環，要想讓身體停止僵硬，就需要先斬斷這個惡性循環。

全身肌肉群非常多，為了便於簡單有效的學習，你只需要訓練這幾組肌肉群即可。

1. 首先找個安靜的環境獨處，舒適地坐著或躺著。

2. 從網上找一些讓人放鬆的輕音樂。

3. 配合前面的呼吸調理方法，先想像自己已經消除了緊張感。

4. 握緊拳頭，堅持 10 秒，然後放鬆 20 秒。

5. 緊繃肩頸部位的肌肉，堅持 10 秒，然後放鬆 20 秒。

6. 緊繃腹部的肌肉，堅持 10 秒，然後放鬆 20 秒。

7. 緊繃大腿與小腿的肌肉，堅持 10 秒，然後放鬆 20 秒。

8. 最後想像一下自己處於休假懶散無憂無慮的狀態，透過這個流程可以有效地讓你的身體與心理都放鬆下來。

如果感覺還是有某些部位比較緊張，可以再反覆幾次，直到你恢復了平靜。如果說話過程中，還是會出現身體僵硬問題，該怎麼應對？也和前一條的方法提到的類似，給自己一段時間訓練，慢慢地你就會適應並調整過來。

3. 視線移動路線法：應對眼神無處安放

很多害怕說話的人還有一個原因是害怕與人對視，怕別人對自己有負面的態度。

首先這個思維模式是錯誤的，並非所有人都會給你負面回饋，只是因為你曾經有挫折性的溝通經驗，給你造成了心理陰影，所以你才恐懼和大部分的人對視，才會變得眼神和視線飄忽不定，顯得你很不自信。

　　由於要改變這種心理障礙，需要進行專業的心理諮商治療或專門的提升自信的心理調整，以及較長時間的訓練。為了能較快幫助你先解決這個問題，我們可以建立一個有規律的視線移動路線，來讓眼神不會顯得飄忽，同時也不用一直和對方對視，以致讓你恐懼。

　　所謂視線移動路線法，是指你可以透過眼睛看不同的地方，來回變化，來讓自己不用總是盯住一個地方而過度尷尬。

　　比如，在一對一溝通時，只要不是非常嚴肅正式的場合，可以在四目相對後，把視線移向對方其他部位，如鼻子、嘴巴、髮型、穿著、隨身飾品等，看周圍環境，也可以自己隨意地想怎麼扭動身體視線都可以，就像你和最好的朋友一起聊天時那樣，你是無拘無束的，做什麼都可以。

　　如果是和一群人交流，那更好辦了，可以一邊說話，一邊挨個進行眼神交流，然後再看其他地方。你不需要一直看一個地方，透過不停的視線遊走，來讓自己處於放鬆的狀態。這個方法非常適合新人，能比較快地消除不必要的緊張情緒。

　　總之，職場新人容易緊張並不可怕，可怕的是你因為恐懼而選擇逃避，雖然逃避可恥且有用，但你無法逃避一輩子，你需要用積極的心態解決這個看上去很難，實際早已有大量現成可用的方法的問題。

第二節
提升邁場臨場表達力

　　職場新人說話緊張，最大原因之一就是缺乏簡單有效的表達方式。這裡介紹五個簡單方法，可以幫助你在當眾發言時，既能妥善表達清楚，又能降低緊張情緒。

▌一、內容言簡意賅，突出核心要點

　　當眾溝通失敗的重要原因之一，就是沒有組織好說話的語言內容，加上緊張，導致說話冗長沒有重點。其實你把一個事情透過簡單、直接的方式說出來，不但能獲得同事的認可，而且還可以降低自己緊張的程度。因為你要說的內容，透過歸納重點和濃縮語言，表達的難度降低了，你無須過度修飾和鋪墊，直接說結果，說重點，就是最好的溝通方法。

　　所以，每次你開口時，開場白不用很複雜，直接和對方打完招呼，就可以進入主題。沒有重點的開場白，亂七八糟扯一堆，只會讓對方失去耐性。

　　一般錯誤的做法是這樣的。

　　比如，你這樣對同事說：「陳總來電話說，他3點不能參

加會議。李總說他不介意晚一點開會，把會放在明天開也可以，但是 10：30 以前不行。張總的祕書說，張總明天很晚才出差回來。會議室明天已經有人預定了，星期四還沒有人預定。會議時間定在星期四 11 點似乎比較合適。您看行嗎？」

聽完後是不是感覺很繞、很亂？前面的表達方式是，把事情的原因一件件說出來，並且表述很囉嗦，最後才說結論是什麼。要想表達簡潔清晰，可以採用先說結論、再說原因的結構，來表達你的觀點。

上個情境可以這樣說：「我們可以將今天的會議改在星期四 11 點開嗎？因為這樣對陳總和李總都會更方便，張總也可以參加，並且本週只有星期四會議室還沒有被預定。」

結論就是整個溝通的重點，其他內容都可以不說，但不能不說結論。

所以，先讓對方知道重點，引起他的關注和想要的結果，然後告訴他後面相應的原因，對方就會有興趣聽下去，對方反應好，你自然也不會感到緊張。

■ 二、三點神邏輯，超有說服力

這個技巧前面的章節有提到過，這裡再補充一些。就是每次說話只說三點。為什麼說三點可以消除緊張呢？作用和前面類似，當你把說話的內在邏輯梳理清楚了，知道第一點

說什麼，第二點說什麼，第三點又說什麼，非常有條理，你就不會慌亂。如果你沒做這個總結三點的邏輯訓練，每次說話都是想到什麼說什麼，就容易出現語無倫次、邏輯混亂、越說自己越慌的情況。

前面「內容言簡意賅，突出核心要點」的技巧，是先說結論，再說原因。而這個三點神邏輯套路，就是有理有據地解釋結論，如果只有一點原因會顯得太單薄。但一般口頭表達，你能脫口而出說三點，就足以證明你要表達的觀點能否讓人信服。

因為三是普通人最容易記住的數字，太短顯得不夠豐富，太多顯得冗長。人類的短期記憶，最多只能記住三件事，超出三件事就很容易被忘記。將內容歸納成三點，會給人有條理和準備充分的印象。如果只歸納成一到兩點，會讓人感覺準備不足或有所遺漏。

在前面的章節裡提到過高效邏輯表達的方法，可以同時參考閱讀。如果內容不夠三點，怎麼辦？如果這個事情實在沒什麼可說的，說兩點就夠了，那也可以，只是需要把內容、例子說充分了，只有兩點也可以讓人感覺很有說服力。如果超過三點怎麼辦呢？不用過分教條，如果你真的可以有條理地列舉數條理由，那說明你已經對表達一個複雜的事情很熟練了，多說幾點也很好，但一定要語言簡練。

■ 三、分享自身經驗，更不容易緊張

很多人當眾表達會緊張，有一個原因就是說自己不擅長的事情時，就缺乏底氣，沒有把握，怕說錯，或是不知道說什麼，談話很枯燥。但如果一旦談及的是自己最喜歡、最擅長的事情，就能滔滔不絕。每個人都有自己最關心的事情，最關心的也就是你最熟悉、最能侃侃而談的。

常見的表達素材列表如下。

1. 個人愛好：音樂、電影、遊戲、小說、書籍、技能等。

2. 喜歡的名人、偶像的故事。

3. 自己的親身經歷。

4. 朋友的親身經歷。

5. 網上看到的事情。

如果這些與你有關的內容同時也是別人關心的，你就可以分享，由於你很熟悉這些事情，也會侃侃而談，所以根本不會緊張。所以，你在與同事溝通時，可以根據當時討論的話題，插入與此相關的經歷，可以是自己的、身邊朋友的，也可以是網上看到的。所以，你日常也可以擴大閱讀廣度，這可以為你日常和別人交流的話題做知識儲備。而談話中融入生活經驗、故事、生動有趣的例子，比較容易引起共鳴，以獲得認同感。

　　有些朋友會說：我就是會在現場慌張，不知道說什麼，但事後想起來，會覺得原來可以這樣說。一個最快的方法，比如你剛聽到一個朋友給你講過的故事，你覺得很有趣，可以轉頭就和你的同事再說一遍。可以用自己習慣的語言風格，也可以添油加醋，把別人的事情告訴另一個人聽。這種再說一遍的方法就是在鍛鍊你的表達能力。一旦要說自己的故事，你不用擔心自己沒有那麼多話題，你至少二三十歲了，在這個過程中肯定會有一些讓你印象深刻的事件，有可能是搞笑的，有可能是很糗的，有可能是驚險的，也有可能是驚天動地的。

　　你有空就好好回憶一下，並以寫日記的方式記錄下來，反覆多次，你的個人故事經驗素材就會越來越多。比如，我日常就會把一些靈感或覺得有趣有意義的事情記錄到我的雲端筆記裡，並進行分類整理，時不時拿出來看看，有助於加深我的印象。

　　總結起來，說不出足夠豐富的內容、辭不達意、容易詞窮，都是由於你的知識量、資訊量、詞彙量太少，腦袋空空，要用的時候自然無法調出來。建議你養成每天讀一些與你工作相關的數據的習慣，並反覆運用到和同事的閒聊、工作寫作中，久而久之，你很容易就會暢所欲言，訊息自動從大腦直達你的嘴巴，不需要做過多思考。

▌四、提前模擬場景練習，有備無患

我們在溝通中會遇到各種突然的情況，如果你沒有提前做一些準備，或者你之前沒有經歷過，或者沒有根據失敗的經驗做過反省和準備工作，那你是無法再應對下一次突發情況的。

比如，你和同事聊天，突然對方問了你一個很敏感的話題 —— 一個月收入多少，想對比一下他的薪水。這種話題你沒準備，突然被問到時會讓你不知所措，很有可能會給出不恰當的回答，造成一些不利於你的結果：你比他多，他可能心理不平衡，產生嫉妒心；你比他少，他可能會因此看不起你。總之說多說少都很不利。因此，提前準備好一些常見問題的得體的答案，就能輕鬆應對各種突發狀況。

比如：

1. 同事問你借錢，你如何委婉地拒絕？

2. 如何面對心直口快或者嘴賤的同事？

3. 同事興高采烈地分享的東西，你覺得很無感，怎麼應對他？

4. 當同事攻擊你喜歡的某個東西時，該如何回應才不傷和氣？

以上情況，你在職場混久了，或多或少都會遇到，你如果沒有提前準備應對策略，現場就會很尷尬，很有可能會因

為不知道說什麼最恰當而說錯話，導致同事關係緊張。

這裡針對以上常見問題給出簡單應對策略。

1. 同事問你借錢，你如何委婉地拒絕？你不想借，就可以說：「我也是月光族，還有好幾張信用卡沒還呢，暫時幫不了你。」而如果你直接拒絕，很有可能會讓別人覺得你很小氣。

2. 如何面對心直口快或者嘴賤的同事？不拚死對抗，可溫柔反擊。心直口快的人其實心地不壞，所以你也沒必要把對方當成壞人來死磕，可以用幽默的反唇相譏來挽回面子。比如，對方當眾批評你的工作沒做好，你可以面帶微笑地用幽默愉悅的語氣說：「是的呀，你長得這麼好看，說什麼都是對的呀。」接下來就可以自由發揮，說點有的沒的，只要對方不是真要嗆你，話題就會被轉移過去了。

3. 同事興高采烈分享的東西，你覺得很無感，怎麼應對他？切勿打擊對方的熱情。傾聽就是最好的溝通。你為了不傷及對方面子，也不必假裝很有興趣，走向另一個極端，那也會讓自己很累。最好的應對方式是讓自己開啟認識不同新鮮事物的懷抱，可以對自己說：花 5 分鐘，聽聽朋友說點什麼，可以多問點細節，或許有好處呢。

4. 當同事攻擊你喜歡的某個東西時，該如何回應才不傷和氣？要想不傷和氣地回應對方，千萬不要馬上反擊回去，直接反駁對方的不對，只會產生反效果。回應的態度一定要友善一些，你可以先說「你的觀點好特別」「你總是語出驚人」，用委婉的語氣肯定對方，讓他以為你贊同他的看法，使其放鬆防禦心理，然後再為你喜歡的東西做一些有理有據的解釋。這樣，就算對方不一定馬上認同你，但也不會導致你們情緒激動，矛盾更新，可以造成大事化小的效果。

你把這些常見問題歸納起來，並經常自覺地在腦中練習說話，內心模擬自己和同事對話的場景，這有點像自己和自己下象棋，透過這樣反覆的虛擬對話，可以提高你的溝通應對能力，當這種針對突發情況的應對能力提高了，你自然就不會那麼緊張了。

提前模擬場景練習，絕對有備無患。

■ 五、好口才都是練出來的

很多人錯誤地以為，好口才都是看會聽會的，而實際上，口才是練出來的。就像開車，真正的老司機，都是本能地操作方向盤和油門煞車，而不會像新手一樣，每次到了一個緊急關頭，要反應幾秒鐘才想起來要煞車了，甚至由於不

熟練導致把油門當煞車，造成悲劇。所以，要想口才好，多練、累積經驗才是關鍵。

我的系統課程裡，一直在反覆鼓勵學員，在學了理論之後，必須每天進行至少半小時的網路或與身邊人的溝通訓練，每週最好能有 1 ～ 2 次實體聚會訓練，透過各種機會，讓你笨笨的嘴靈活起來。就拿我自己為例，我曾經也是很嘴笨的狀態，以前也看過一些書，聽過別人說的一些方法，但一直沒掌握，直到我知道了「刻意練習」的作用有多大，才開始了瘋狂的訓練。

所謂刻意練習，就是要想快速掌握一項技能，在掌握基本的知識後，需要在短時間內進行大量練習，才能把這個技能變成你的本能反應。就像騎單車掌握平衡感、不需要看鍵盤按鍵也可以打字一樣。比如，有一年時間裡，我每個週末都會至少兩次和朋友去參加線下聚會，剛開始時也是不行，但由於我把重點放在自己喜歡的活動上，如桌遊、讀書會、表演、脫口秀、演講等，經過多次參與，在場的人都給了我不錯的回饋，這就達到了既能玩同時又在訓練的目的，有了這樣不斷的正向回饋，我也獲得了越來越多的自信。

如果換做是你，如何有效練習呢？由於日常辦公室的環境已經讓你感覺到緊張了，所以不太適合一上來就在公司裡練，這容易使你遭受更多挫折，增加失落感。所以找一些讓

你感覺有點壓力，但又能應付的場合或活動來訓練。比較適
合的有演講、脫口秀等說話機會比較多的活動。

　　很多人學習時因為懶惰、不積極、不回饋、不練習，自
然就容易放棄和失敗。如果用了我的這些方法，在發言時還
是緊張怎麼辦呢？那說明你的訓練還不夠，還做不到游刃有
餘，還沒掌握讓自己有效掌控發言的方法，所以才導致你即
使知道了我的方法，你也無法馬上就見效。就像你聽從了健
身教練的減肥建議，但你如果不經歷 1 ～ 3 個月的持續性訓
練，你還是無法馬上改變現狀。

第三節
職場就是戰場，三個溝通技巧能保護你

很多年前，我隻身漂泊到上海，進入一家新加坡外商企業，但公司管理層都是上海人，公司形成了兩個派系。還是職場新人的我，完全不懂什麼是辦公室政治，不懂選邊站，不想得罪人，最後兩邊都不討好，夾縫中求生存，如履薄冰。

一個老家親戚的女兒在當地的一個大企業財務科待了10年，但一直是個出納，待遇和級別都提不上去。她百思不得其解，直到後來離職了才從其他同事那裡得知，是自己多次有意無意得罪了主管而不自知，面對批評經常頂撞，所以就一直是被冷凍的狀態。

有位粉絲留言說，自己剛入職場，就經常被老員工和上司差遣做各式各樣的雜事，如端茶倒水、拿快遞、拿外賣等，時常還被同事請求幫忙做不是他分內的事情，又不知如何與對方溝通拒絕。他既鬱悶又很心累，每天上班都和上刑一樣難受。

其實，這些情況都是因為缺乏必要的職場生存技能——職場高情商溝通。在職場人際關係的處理中，最重要的就是如何高情商地進行溝通。此處推薦三個最實用的方法。

1. 學會察言觀色

職場在某種程度上也是利益場合，如果公司比較大，人員派系複雜，那和不同部門、不同的人相處起來，就要多注意觀察對方的言行舉止，要學會在適當的時機、場合說適當的話，即使你是誠心誠意想為對方好，說了一些實話，但極可能對方並不願意聽，反而招致反效果。

如何觀察呢？如何判斷對方說的潛臺詞，或模稜兩可的話到底是什麼意思？一般人，在不想直白承認某些事情時，表情、肢體語言會和說的話不太一致，會呈現內心真實的感受。比如，對方雖然在「是、對、好」地進行附和，但身體卻撇向一邊，眼神飄忽，或顯得緊張，等等。他說的內容給你的感覺不完全一致，然後你覺得「怪怪的」，那就是有問題。當然，身為職場新人，由於經驗、能力都很淺，所以不太可能很敏銳地覺察細微的差別。不要緊，不用灰心與急迫，這些相處經驗都是可以透過長期的接觸慢慢增加的。

經驗就是你曾經遇到過這樣的情況，並知道了相應的結果是什麼，那下次再碰到類似情況時，你就大概能明白是怎麼回事以及如何應對了。所以，一天天地學習下來，你肯定會擁有從容進行社交的那一天，讓我們和時間做朋友。

朋友的朋友叫阿鍾，天性很活潑，和誰都能聊得來，腦子轉得又快。他進入一家當地知名地產公司後，除了做好自

身本職工作外，還懂得經營關係，會經常觀察公司裡重要主管和部門裡關鍵人物的喜好與特點。也在平常的閒聊中，了解到各部門之間的錯綜複雜的關係，他和幾個重要部門負責人維持著不錯的關係。由於他還特別會弄電腦，也時常被叫去幫總經理處理電腦問題，所以和總經理關係也頗為熱絡。新的一年提拔業務人才時，他獲得了公司裡從上到下一致的認可，在沒有任何反對的情況下，被破格提拔為部門的副經理。慢慢學會察言觀色、懂得人情世故，雖然可能會讓你變得處事圓滑，但它的別名也叫做「成長」。

2. 要學會適當說「不」的能力

如果你希望在職場上做到人見人愛，左右逢源，就要主動親切待人，盡可能滿足別人的願望。但如果沒有底線，低姿態地討好對方，誰都不得罪，就會成為老好人。

職場新人的一個不夠成熟的表現，就是不想得罪職場上的每一個人，都希望和他們搞好關係，但如果沒有底線，什麼事情都不拒絕，日積月累，別人都會當你是可以隨便差遣的對象。我們每個人每天的時間都是有限的，要適當學會說「不」，不然不僅會消耗你有限的生命，還得不到別人的尊重。委婉說「不」的最簡單的方法是，告知對方有不可抗力的原因，所以沒法幫忙。

案例 1

　　對方想要和你借錢，可告知其自己的大部分現金已經拿去投資、買房、買車或做了其他大額的投入，一時無法收回來，而且每個月都要還貸款，壓力也非常大。

案例 2

　　對方讓你幫忙做一個很費時間的事情，比如讓你幫忙處理一個文件、寫文章、做 PPT 等，都可以和對方說自己最近專案多，加班忙，騰不出時間，為了增加真實性，你可以把工作任務表截個圖，讓他看到你的時間都排滿了，但還是要客套地說下次有空一定幫忙，讓對方心裡舒服點。

　　總之，就是找一些對方無法反駁的正當理由，一般這種情況下對方都不會過分再要求你幫忙。有時候，直接拒絕，是增加衝突；答應對方，是違背意願；委婉拒絕，則是最好的應對方式。

3. 正確應對批評

　　沒人喜歡被別人負面評價，但在職場上被上級、老闆批評可能是無法避免的事情。對待批評，建議你一分為二地看待。

首先，你要評估，對方到底是吹毛求疵，還是你的確存在工作上的失誤需要改進。如果是前者，一般情況是對方的性格比較嚴肅、喜歡挑刺、過於嚴苛，或是喜歡透過批評獲得成就感。那大機率是你犯的錯並不是一個非常嚴重的事情。對方只是希望你能更認真一些，做事更嚴謹一些。如果你無法迴避他直接管轄你的事實，那就不用過於羞愧和懊惱，直接按照對方的意思做就好了。

如果是後者，你就切換到上司、老闆的角度思考一下，他也是希望你能把事情做得更好，而且你也的確有很多改進空間，那就虛心接受，也算是一個不斷鞭策自己提升的動力，其實也沒什麼不好。只不過，你需要用正面積極的心態去面對，而不要被罵了，就心生怨恨，如果對方的確是在找碴則另當別論。

小麗在一個外商公司工作 5 年了，無論是能力、經驗、業績都在公司裡數一數二。最近來了一個新的副總，直接管理小麗這個部門。小麗以為可以和之前的上司一樣能和睦相處，但沒想到，對方隔三差五地就找小麗談工作，經常指出她的一些問題，弄得小麗苦不堪言，壓力陡增，也同時影響了業績。

不得已的情況下，小麗找關係還不錯的總經理談心，總經理很明白小麗的心情，於是對她說，新副總在另一個公司

也是出了名的嚴厲，但他所在的部門也是業績最好的，所以對方並非是故意挑刺，而是希望能讓團隊有更多進步空間。小麗明白後，不斷虛心接受批評，還經常主動尋求指教和建議，有了這樣積極正面的思考和行動，小麗的能力和業績也獲得了更好的提升。

戴爾·卡內基（Dale Carnegie）在《人性的弱點》中說：「如果你被批評，請記住，那是因為批評你會給他一種重要感，也說明你是有成就、引人注意的，很多人憑藉指責比自己更有成就的人得到滿足感。客觀理性積極地面對批評會讓你心情更舒暢，不至於受到過多壓力。」

如果我們希望自己能在職場上混得更好，恰當處理人際關係，離不開溝通技巧與人性的學習。職場就等於是你進入社會後的第二個家，除了父母，你見得最多的幾乎就是同事主管。職場有時候又不是家，由於涉及利益，必然存在競爭與摩擦。人在職場生存，必須要懂得該說什麼，什麼時候說，對誰說，怎麼說，只有這樣才能和他們和睦相處，才能有機會獲得更好的發展。

總之，溝通技巧千千萬，技巧背後永遠是不變的人性，希望你能透過這三個小技巧明白：與人溝通，其實就是和人性溝通，懂得了人性的特點，可以舉一反三。

第四節
在職場如何應對心直口快或嘴賤的同事

　　曾經在某個公司時，有個比較年輕氣盛的同事，平時說話都是大咧咧，遇到他看不順眼的事情，都會嗆上幾句，或是冷嘲熱諷，讓有個比較內向的同事感到非常難受，內向同事私下和我說，和那個喜歡懟人的同事溝通很害怕，因為不知道什麼時候他就會對自己「凶」，不知如何處理這種微妙的關係。但在我看來這個同事只是比較心直口快，他有時候在不）人的時候，也會和大家開開玩笑。

　　而另一個同事則是「嘴賤」的代表，他看到好欺負的同事，有事沒事就會嘲諷他們的缺點，比如長得太肥，長得太醜，做事效率低，太悶，等等，就是完全不是開玩笑式的語氣，久而久之，很多人都非常討厭這個同事，都對他敬而遠之。

　　職場其實就是個小社會，你會遇到各式各樣的人，因為大家的三觀、家庭環境、受教育程度、認知程度的不同，而導致各種性格和行為上的差異，所以有時候矛盾衝突在所難免。比如，你總會遇到心直口快或嘴賤的同事，完全不顧及

209

你的面子，當場懟你，或讓你難堪，而你又比較「嘴笨」，不知如何應對，反覆幾次後，你與同事要麼冷戰，要麼成為死敵，總之讓你在職場就是不那麼順心。

那我們在職場上，如何應對心直口快或者嘴賤的同事呢？「心直口快」與「嘴賤」略微不同，很多人會弄混，我們需要區別對待，有的放矢，才能迎刃而解。

▌一、如何應對心直口快的同事

在我看來，有些人的性格比較耿直，甚至是一根筋。他們本身的言行其實並沒有惡意，只是因為他的三觀決定了他的看法，而他又是一個有什麼說什麼、不太會顧及他人感受的人，也就是所謂的情商有點低。所以每次遇到這樣的人，你要理解他只是性格比較像王寶強扮演的很多角色那樣，比較「耿直」，其實沒必要與對方對抗到底。順勢而為，才是致勝之道。

對這樣的人，首先需要進行分辨。心直口快的人有以下幾個特點，可以綜合作為判斷依據。

1. 說話大大咧咧，直率到有些話會傷人，但你要知道他其實不過是比較直白而已，說出了本質，話糙理不糙。

2. 為人豪爽，也比較樂於助人，坦誠的人一般也比較有義氣。

應對方法是：不拚死對抗，可溫柔反擊。心直口快的人其實心地不壞，所以你也沒必要把對方當成壞人來死磕，可以採取幽默的反唇相譏來挽回面子。比如，對方當眾批評你的工作沒做好，你可以面帶微笑，用幽默愉悅的語氣說：「是的呀，你長得這麼好看，說什麼都是對的呀。」接下來就可以自由發揮，說點有的沒的，只要對方不是真要懟你，話題就會被轉移過去了。理解對方的處境，擁有同理心，你才能做到高情商的溝通。

▎二、如何應對嘴賤的同事

這種情況就不一樣了，很多自認為是心直口快的人其實是嘴賤。區分方法如下。

1. 雖然都可能會傷人，但嘴賤的出發點就是想讓對方難堪，讓對方難受，讓對方當場出醜。

2. 嘴賤的人喜歡把諷刺他人當幽默感，拿對方的生理缺陷、隱私開涮，自以為真的很好笑，其實是透過打壓他人的尊嚴來拔高自己。

3. 和你關係並不熟，卻說出超出親密關係的話。例如，你和好朋友可能經常說髒話互相開玩笑，但如果對方和你不熟，卻不停地說難聽的髒話，那就會感覺不舒服。

應對方法是：該出手時就出手，該懟回去就懟回去。遇

到這種心眼壞的人，沒什麼好說的，不能慫，不能虛，不能委曲求全，不能做老好人，要堅決維護自己的尊嚴，對方嘴賤踐踏了你的底線，堅決不能退縮，你退讓一次，就會被對方認為是軟弱。馬善被人騎，人善被人欺，他下次可能就會繼續打擊你，弱國無外交，你弱你沒理。

最簡單直接的應對方法：用惡狠狠的語氣反擊對方的缺點弱點，實現以彼之道還治彼身的目的。比如，對方當眾說你長得醜，你可以一臉嫌棄，並作鬼臉，用調皮的表情說：「不聽，不聽，王八唸經。」

總結下來，關於我們在職場上如何面對心直口快或者嘴賤的同事的方法，就是面對心直口快的人要理解對方，溫柔調侃回應；面對嘴賤的人，就要堅決維護自身尊嚴，讓對方嘗嘗被嘴賤的滋味。

第五節
如何避免成為職場背鍋俠

一個在國企的朋友說他經歷過這樣的事情：他在單位一直都勤勤懇懇，在同事眼裡不很突出也不墊底，直到他換到另一個小組後，他的直屬主管因為預判有誤，導致一個專案到快無法收拾的地步時，就轉給他處理。雖然他多次提出疑問，可主管不管不顧，直至專案流產並產生損失，到最後公司高層要追究責任，他有理說不清，到最後成為替罪羊被開除。

聽另一個朋友說過，他新進一個公司，裡面有個老油條，特別喜歡有好事就搶著幹搶功勞，遇到難以完成的任務各種推脫，碰到要搞砸的事就甩鍋。有一次老闆分配他們兩個加班緊急處理一個專案報告，我朋友效率高，把自己分內的部分搞定後就先下班了，可到了第二天卻被老闆一頓罵，說他各種不認真，大量出錯。而實際情況卻是那個老油條自己的沒做好，推卸責任給我朋友，到最後由於沒證據證明自己的清白，受到了老闆的冷落。

面對喜歡甩鍋的同事、主管，我們的口號是拒做背鍋

俠。轉交任務並非表面那麼簡單，看上去是誰來做事，實際
上涉及兩個後果：一是責任，二是功勞。對方丟過來的事
情，你搞砸了，是你的責任還是對方的責任？如果事情搞
定，甚至結果超預期，功勞算你還是算他？這些如果說不清
楚，會導致因為扯皮產生矛盾，人際關係也會搞僵。

如果交給你的任務不得不做，怕擔責任又硬要和對方嚴
肅地說清楚職責後果，容易導致對方覺得你太過計較，顯得
你比較勢利，不夠有溫度。你總有保不齊以後也要拜託別人
幫忙的時候，人都得罪光了，你還怎麼待得下去，更何況
有時候是主管或老闆直接給你派任務，你基本沒有不做的
理由。

所以，面對職場上這種可能要當背鍋俠的情況時，你既
不要態度強硬直接懟，也不要一味做老好人，怕拒絕別人。
我們應該有策略地靈活處理，只有這樣才能有的放矢。具體
可以抽成上中下三策來應對。

1. 上策：婉拒，找對方無法反駁的理由

你可以和對方說：「哎呀，實在不好意思，某主管才把
一項重要任務交給我，要求我第一時間處理完，我不敢鬆
懈，這幾天都在加班，實在忙不過來，要不你先處理著，等
我忙完這個事情，如果空出來了，盡量幫你，而且這個專案
的功勞都歸你，你看可以嗎？」

直接用主管或其他不可抗力作為藉口，撇清能幫他接鍋的機會，他就不好強迫你，讓你從根本上就不會陷入未來的麻煩風險，安心做好自己的事情。

如果是主管要給你任務，就說自己手頭上正在緊急處理另一項任務，時間非常緊，來不及做其他任務。然後再補充說：可以交給 ×× 同事，他比較擅長這項任務。

高情商地委婉拒絕，既照顧了對方面子，又讓對方理解你是想幫但幫不上。

2. 中策：先婉拒，再提出幫忙一小部分的策略

為避免對方失望，以及維持主管、同事的友好關係。婉拒對方，讓他找其他人幫忙，降低對方預期後，殺個回馬槍說，實在不忍心對方太累，自己想辦法擠出點時間，幫對方解決一小部分事情，讓對方可以節省一些時間。這些一般不是影響專案的決定性因素，自然責任和功勞都是對方的，你能安全第一就行。你既幫到對方，給對方面子做足人情，又不會讓自己陷入被動背鍋的風險，兩全其美。

3. 下策：不得不接鍋時，分清職責，保留證據

有時前面兩個方法都用不上，你們作為一個團隊，有些事情的確是很難分清誰具體全權負責。你不想被坑，就要給自己留條後路，有備無患。比如，對方要你協助做個策劃

案，你就和對方說，需要麻煩對方發信，詳細講述相關的工作內容和文件附件。理由是避免口頭交接容易產生遺漏或錯誤，你還可以副本給主管，既是向主管彙報專案進展情況，又說明你只是協助對方，避免最後真的出問題了，你有嘴說不清到底是誰的責任。

如果是主管給你委派任務，也要用類似的方法處理，把相關的訊息、交接的內容都做好完整的記錄，在最壞情況出現時，至少這些訊息可以為你做辯護，就像你開車裝有行車記錄儀，就不用害怕惡意敲詐你，事實勝於雄辯。

所以，總結下來，遇到甩鍋的主管、同事不要緊，既不要直來直去，只和對方談職責和功勞，也不要做楊白勞，累死自己，甚至害死自己。可根據情況選擇一個最優的策略，幫你化解困境。職場也是一個小社會，人際關係非常微妙，只會做事不會做人也難以生存，要學會靈活彈性處理關係，只有學會高情商地處理別人甩過來的「鍋」，才能使自己在職場森林裡生存下去。

第六節
如何成為「甩鍋俠」

　　我的職場新人經驗始於畢業季，當時在一個軟體公司實習。由於從來沒出過社會工作，老師父母也從來沒教過我如何在職場打拚，處理工作任務的能力很低，職場人際經驗直接是零。在三個月的實習期裡，我數次搞砸任務，有一次特別嚴重，小組長分配讓我做一個動畫特效，但我只是學過一點皮毛，他要的效果我沒做過，這導致不但拖延了工期，效果也非常不理想，到最後小組長只能自己另外花時間才完成了。由於我的種種不良表現，實習期結束，我也就離開了那個公司，而和我一起去實習的同學卻留了下來。

　　在職場上難免會遇到被主管分配了一些你不擅長的工作的情況，此類任務的特點是難度高、時間緊、做不來，最後交不了差。這時最好的方法就是「甩鍋」，讓更厲害的同事幫你解決。

　　你的問題來了，上篇文章還說要拒絕別人「甩鍋」，馬上就啪啪打臉要自己「甩鍋」給別人嗎？你可能只記得我之前說過拒做背鍋俠，卻可能忘記了我也說過，「你總有保不

齊，以後也要拜託別人幫忙的時候」這句話。

如果你是一個喜歡天天「甩鍋」的人，只考慮自己的利益，不顧別人死活，最後可能死的人就是你。沒人喜歡一個到處占人便宜、讓別人替自己背黑鍋的人，時間一久你的人緣口碑度自然就要降到負數。我讓你「甩鍋」給同事，其實應該換成另一句話來說，叫做「尋求同事協助幫忙」。其本質其實就是如何說服別人接受你的觀點，並按照你的意願行事。

讓別人心甘情願地幫你解決問題肯定有技巧、有方法，這涉及心理學和說服技巧，有以下幾項。

1. 表明你們是利益共同體

強調這個任務可能給你們公司、你們這個團隊帶來的收益或損失，使你和對方形成一個更緊密的利益共同體。

表明你不擅長這件事情，很擔心會搞砸了，並連帶影響到對方。比如自己最後做不好，可能老闆還是會把這個任務移交給對方來處理，這樣可能反而加大了工作量，補鍋收拾爛攤子，有時可能比直接接鍋更累。

2. 說明此事對他的好處

想讓對方幫你，就要從他的角度出發，說明這件事情對他到底有哪些好處。

首先，你可以讚揚對方對這個工作很有經驗，處理這個問題得心應手；其次，列舉出這個任務可以給對方帶來什麼樣的具體好處，越多越好，並表示功勞全部歸他，同時也會和老闆說明是你要求對方協助的，如果搞砸了，責任在你，讓對方零風險。

對方既有可以搞定此事的能力和經驗，不會有搞砸的責任風險，同時又可以撈到好處，人總是趨利避害的，此事低風險高收益，那他「接鍋」的可能性也就會大大增強。

3. 提出協商條件

為了進一步讓對方覺得此事可做，需要多給對方提供一些利益上的支持。比如，你可以承諾下次他有哪方面需要幫忙，你會義不容辭提供支持。也可以明確問對方現在是否有迫切需要解決的問題，看看自己能不能協助。在其他方面補償對方，也就是人際關係中最常用到的「互惠原則」。人與人之間能維持一個不錯的關係，方便互相提供幫助，共同成長。

4. 打出感情牌

用同理心表示自己這個事情會給對方帶來額外的負擔，自己也很不好意思。然後多強調「我們能不能一起協商，找到快速有效的方法，把任務分解，減少對方的工作量，節省對方的時間」。

　　說話語氣自然要「甜」一些，讓對方聽著舒服。多用一些親近的稱呼詞，比如，「姐，幫幫我唄」「哥，麻煩幫幫忙」。同時還可以送上一些小恩小惠，比如對方喜歡抽的菸、零食之類等。

　　總結下來，我們要想把不擅長的工作成功「甩鍋」給同事，說動他們幫忙，可以從以下三個方面來說服對方。

◈ 訴諸理念，你們是一個團隊，一榮俱榮，一損俱損。

◈ 訴諸利益，以理服人，有利可圖，才更有動力。

◈ 訴諸感情，以情動人，人採取決策最後都由感性因素主導。

　　三管齊下，使對方無法拒絕你的請求，對方基本會答應幫你，預祝你未來甩鍋成功。

第七節
如何維持與離職同事的關係

　　我有時翻看手機通訊錄，經常會發現曾經共事過的同事已經許久不連繫，而當時在公司裡關係都很熱絡，還經常一起出去吃喝玩樂。可時間一長，感覺關係已經冷淡到可能對方都不記得自己，有時遇到某個難題，覺得這個人可以幫上忙，但太久時間不連繫會感到實在不好意思，最後導致不得不花更多的時間成本找其他人解決。

　　在職場，無論你是否跳過槽，都會經歷一個普遍情況，那就是你平時比較要好的同事因為各種原因離職。

　　平常你們也挺聊得來，經常一起吃午飯。這個同事能力不錯，跳槽去了更好的公司，但你不知道如何與對方保持連繫，維持這樣的人脈關係。比如說，你們長時間不連繫，如果突然有事找對方幫忙，你感覺很突兀，會不自然。

　　那我們該怎麼做才能維持這些人脈關係呢？

1. 保持吃喝玩樂的娛樂價值

　　朋友人脈關係不可能成天都是談公事，不然就太一本正經了，太過理性的溝通，並不能加深兩人的關係。那最好的方法，就是保持你們之前作為同事時的一些娛樂活動，那就是吃喝玩樂。

　　人都有享樂的天性，工作之餘，你們可在吃吃喝喝中暢聊雙方的經歷、故事、見聞等有趣的事情，在這個感性的過程中，熟悉度就會自然而然地增加，關係得以保持。你們可以兩週或一個月聚上一次，可以是吃飯、唱歌，喝個咖啡也行。

　　我認識的一個 CEO 圈子裡，他們經常把談合作、交流經驗與吃飯聚會、喝茶結合在一起。大家已經形成了默契，每週都會有人主動請大家吃飯。而吃飯的過程，就是大家交流感情的過程，吃飯、喝酒的過程中，就會聊到最近大家都在做什麼，有什麼好專案，有什麼好機會，有什麼需要解決的問題。在這個過程中，大家的熟悉度、信任度也會不斷加深。

2. 麻煩對方，也能加深你們的關係

　　有句話說過，從來不給別人添麻煩，那不叫人情，人情是你麻煩了人家，並且懂得如何還給對方，這才是人情。也就是說，你也可以適當讓別人幫你點小忙，難度不要太高，

舉手之勞那種就可以了，同時要及時回饋對方，這樣一來二去，你們的關係慢慢就會加深了。比如，讓對方轉發個朋友圈，讓對方逛街時順便買個東西，一起和對方團購某樣東西，等等。

3. 主動提供你的價值

維持人脈關係的核心，就是你們可以互相交換利益價值。這個價值不僅是錢或權力，其實還可以是別的東西，而且這些不一定用錢可以買到。

可以用來維持關係的還有情緒價值與專業價值。

情緒價值，是指你和對方有一些共同的經歷，並產生了共鳴。比如你們都是電影迷、美劇迷，對很多導演、演員、系列電影都如數家珍，你們都是內行，懂很多這方面的知識，甚至你還能說出很多對方不知道的訊息。你們的共同點可以加深你們的關係，並可以此為經常連繫的紐帶，如有新電影上線，可以邀約對方一起去看。

專業價值，你學什麼專業、做什麼工作、有什麼特殊技能，都可以在與對方交談的過程中展示出來，如果對方感興趣，甚至剛好需要你的能力幫助他解決某些問題，你就可以詳細地說，以便給對方提供很實用的價值，甚至幫對方解決某個棘手的問題。

4. 發現對方的價值、優點，創造合作機會

如果你們時不時還可以保持某種工作上的合作，利益上的繫結也會加深你們的關係。前面你提供了價值，你也需要多了解對方有哪些長處優勢，然後等待機會合作。比如說，你知道對方很擅長設計，PPT 做得好，很會寫作，那你這邊有任何這些相關的私活，都可以找對方合作，解決自己問題的同時，也給對方創造了收益。

所以，總結下來，你們有過幾次這樣的合作之後，關係就會牢固了。不用擔心一個有能力的同事會消失在你的朋友圈，因為你們已經建立起了較為牢固的利益與友誼的關係。

第八節
職場上受到委屈該怎麼面對

　　剛大學畢業，我到一家 IT 公司開啟職業生涯，無論是工作經驗、社會閱歷，還是人際交往都是一張白紙。主管平常都板著臉，喜怒不形於色。我那時比較內向不愛說話，和同事主管相處都比較有距離，總之就是謹小慎微，生怕過不了試用期就被炒魷魚。

　　有次要趕著完成某個任務，整個專案組加班，我很快就搞定了，不好意思一個人先走，就問有誰需要幫忙。有個同事就讓我幫他處理資料表，我答應了，並立刻幫他搞定了。沒想到的是，第二天早上就被主管一頓臭罵，說我不要為了貪功搶活幹，又做不好……當時整個辦公室的人都看著我，被罵得狗血淋頭，我很鬱悶：明明反覆檢查沒錯才交給了那個同事，怎麼會出錯？

　　事後才知道，原來是那個同事自己不認真，有做錯的地方，被主管發現後怕被罵，就推卸責任，我成了他的黑鍋俠，被冤枉、被背叛、被嘲笑、被責罵等多種負面情緒同時湧入，異常難受。被人痛罵之後，情緒難以平復，重要原因

就是被誤解，被錯怪，替人背黑鍋，有苦說不出，又沒法辯解。與其委屈難受，不如主動進行情緒的自我調節。

▌一、什麼是情緒的自我調節

簡單來說，情緒的自我調節就是為了避免自身被負面情緒影響導致更壞的結果，從而主動透過改變外部環境、注意力、思維習慣、身體的反應等方式，來讓自己的情緒得到平復。更具體來說，有些狀況是可以透過主動調節來影響你的情緒感受的，如人的主觀感受（感覺）、認知反應（想法）、與情緒相關的生理反應（比如心跳加速）以及與情緒相關的行為（身體的動作或者是表達）。

人們每天都會面臨各式各樣的潛在刺激，對這些刺激，會產生不合理的、極端的或者不受控制的情緒反應，這些反應可能會導致我們給旁人的印像是很情緒化、很難相處，會影響我們的人際關係，所以我們需要學會自我主動情緒調節，這是提高我們人際關係的一個重要手段。圖 4-1 所示為情緒自我調節過程。

情緒的生成過程是隨著事件的推移以特定的順序發生的，具體如下。

1. 情境。情緒的產生與情境直接相關，比如職場上的人際衝突。

2. 注意力。你的注意力會受到該情境的影響。比如，老闆
   叫你到辦公室，你已經有了不祥的預感。

3. 評估。你的大腦會自動評估這個情境會對你產生什麼樣
   的刺激。比如，正常情況有人罵你，你都會反擊，或是
   退縮。

4. 反應。到此你的情緒反應產生，從而引起你的行為、生
   理反應。比如，你被冤枉，然後不給你辯解的機會，直
   接劈頭責罵你，你的委屈情緒和反應由此產生。

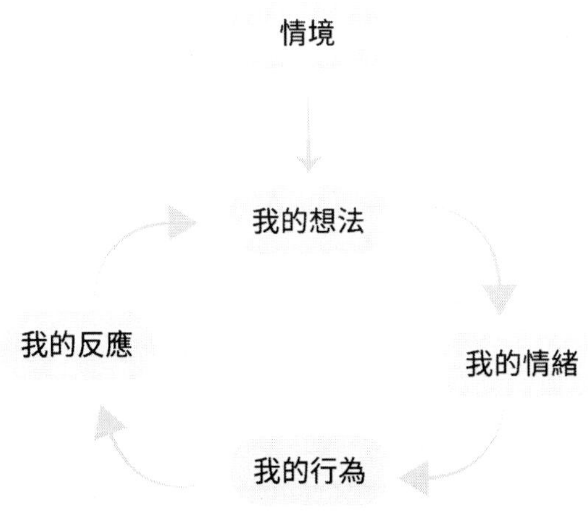

圖 4-1 情緒自我調節過程

　　由此程序模型即可看出，情緒生成過程中的這四個點都
是可以受到調節的。

　　情緒調節可以假定分為五種不同的類型，分別對應於情
緒生成過程中的每一特定點的調節。

1. 情境選擇。如果一個人選擇逃離或者避免負面情緒產生
   的相關情境，那麼他經歷該情緒的可能性會降低。

2. 情境改變。即盡力改變遇到的情境，以改變由此情境產
   生的情緒影響。比如，你現在的老闆的確是很喜歡無理
   由經常罵人，其他同事也的確不好相處，不是你的個人
   問題，那就選擇跳槽換個更合適的公司和老闆，這樣也
   許就不會天天受負面情緒影響了。

3. 注意力分配。遠離負面情緒產生的源頭。比如，你被罵
   後，情緒開始變得不好，可以考慮馬上找個安靜的地方
   休息一下，或是出去抽根菸、喝杯奶茶放鬆一下，分散
   注意力，不去想被罵的事情。

4. 認知改變。改變我們對該情境的評估方法。上司罵人，
   有時的確是自己做錯了，知錯就要改；有時只是老闆比
   較挑剔，追求完美，你只需要聽他發完牢騷就好，不需
   要過度自責。

5. 反應調節。調整我們由該情緒產生的反應。比如，你知
   道老闆其實是個外冷內熱的人，只要說幾句好話軟話就
   會消氣，那就用不卑不亢又輕鬆緩和的語氣奉承對方幾
   句，這就有點類似於很多高情商的人，遇到對自己不利
   的事情時也能以柔克剛，化解對方的攻擊。

■ 二、尋找受委屈的原因

當我們被痛罵時，大腦會下意識地產生反抗的情緒，來對抗被罵這件事情，身體也會本能地做出一種自我保護的姿勢。如果不單單只是依靠本能，而是理性地分析別人出現該情緒的原因，然後探究為什麼偏偏是我被罵，回憶自己是否做了什麼激怒了對方，嘗試尋找對方發怒的原因，也可以幫助我們調整被罵後的情緒。對方發怒的原因一般有以下幾種。

1. 你做錯了事，還帶來了嚴重的負面影響

舉個例子，當老闆給你任務後，讓你用他的方法來做這件事情。但是你並沒有按照他的要求來做，而是覺得自己的方法更好，就使用了自己的方法。事實證明，你的方法並不合適，還帶來了負面的影響。在你用自己的方式處理事情之前，並沒有跟老闆溝通，而是想當然地去做了這件事情，這個時候老闆勢必會痛罵你。

2. 你做的事情損害了他人的利益

我住的地方周圍有個幼稚園。每天早上七點，學校總是大聲地播放著音樂，讓小朋友們一起做操。這對於七點不是起床時間的我來說，有時候真的是魔音穿耳。有時候也會聽到隔壁退休的大叔大罵：「一大早音樂那麼大聲，吵死人了。」站在

學校的立場，為了讓孩子們進行晨練，這是一件對的事情。但是站在住戶的立場，音樂其實已經影響了大家的休息。

3. 你認為正常的事，在別人眼中其實很不妥

主管壓力特別大，剛去總部開完總結大會，會上因為分公司的業績情況在整個區域並不好，剛好被大老闆批鬥完。回到公司看到你在他面前徘徊，想到你平時表現平平，也沒為業績做出大貢獻，越想越氣。「小張，我讓你準備的數據還沒有給我？」、「王總，您不是說下班前放您桌上嗎？現在離下班還有兩個小時。」、「你不能提前一點？我說下班前就一定要在最後一分鐘給我嗎？」接著又被訓斥一頓。

歸根到底，被罵的原因其實還是因為你表現平平，也許你覺得沒犯什麼錯誤，是沒什麼大不了的，但是在老闆眼中，這可能也是致命的錯誤。

■ 三、受委屈後怎麼調整情緒

1. 探究受委屈的原因

後退一步，不帶任何偏見地探究被批評背後的原因。受到責罵後，我們一般都會有頭腦發熱不管不顧地頂回去的衝動。但是不要讓本能支配你的行動，認真聽別人責罵了你什麼，確保你清楚地知道他們想表達的意思，然後理性而中立地分析：別人說的是否是正確的？是否你真的做錯了？這

件事情是否真有那麼大的負面影響？這是否損害了別人的利益？自己是否做了什麼讓別人不滿意？別人不會無緣無故地發脾氣，只是發脾氣的原因是你沒想到的。

2. 離開矛盾激化的情境

脫離當時的情境，也可以幫助你冷靜。當受到責備，我們都會感到非常沮喪，如果矛盾更新得很快，也許我們還會感到異常憤怒，這時，改變環境未嘗不是一個好辦法。我們改變環境，將自己隔離開，確保了兩件事情：第一，你的存在讓痛罵你的人周身不爽，那麼你做的任何事情都使他們煩惱，看到你都會覺得渾身不舒服，如果你離開了，就等於解決了他們的問題；第二，你不需要再去想如何處理他們對你的責罵，也不需要去回應。這也提供了更多時間，使你能夠慢慢冷靜，慢慢平和。

3. 做一些運動

去運動一下，即使只是跑一小段，也能幫助你恢復。體能訓練對我們的心情有直接的影響，無數研究顯示，運動會釋放內啡肽和 5- 羥色胺，從而給你的心情帶來積極影響，讓你產生快樂的感覺。身體運動，不僅能釋放那些能讓你感覺良好的化學物質，同時也能讓你轉移注意力，不再讓那些消極的情緒占據你的身體和心靈。

4. 不要因此自我否定

別人可以因為各種原因責罵你，不要讓這些責罵使你產生對自我價值的否定。不要將這一次責罵與你之前受到的所有其他批評混淆，特別是不要將其擴充套件為對你所有其他方面的否定，從而陷入自我否定與自我批判當中。也許，別人只是因為心情不好，因為某些事情遷怒到了你，或者有些人只是以責罵你為樂。

5. 適當發洩情緒

給自己一些時間，適當發洩一下消極的情緒。當因為被別人罵了而心情低落，感到委屈時，允許自己陷入這樣的消極情緒中幾分鐘。在這短短的時間裡，你可以盡可能去發牢騷，去抱怨或者跟朋友去傾訴。關鍵是不要停下來，不要去細想，你只是需要發洩。最後，受得了多大的委屈，就做得了多大的事；受得了多大的詆譭，就能承受住多大的讚美；耐得住寂寞，才守得住繁華。

第五章

內向者如何在情場受歡迎

第一節
內向自卑者也能追求到自己喜歡的人

很多戀愛不成功或長期單身的朋友，都有一個共同點——比較內向與自卑。因為追求異性會涉及如何自信地展示自己，與對方溝通並加深了解。但是，內向與自卑成為你成功的絆腳石。當然，也有很多內向者並不自卑，但自卑的人普遍較為內向。當然，也有自卑過頭變得自負的人。這裡只探討內向同時又自卑的朋友，如何成功追到自己喜歡的人。如果，你只是比較內向，不善言辭但並不自卑，本方法也依然適用。

表 5-1 是內外向與自卑自信組合對比表。

表 5-1 內外向與自卑自信組合對比表

	外向	內向
自信	最受歡迎	提高溝工社交能力，也能受歡迎
自卑	也受歡迎，但內心會比較糾結	最不受歡迎，自己也不喜歡自己

自卑或自信，是一個看不見、摸不到，但是你心裡和別人都能切實感受到的狀態。具體的關於提升內向者自信的內容，可以參考前面的章節。

　　自信是幫助你追求異性的基礎之一，自信會讓你在面對喜歡的人時，不過度緊張放不開，能正常發揮。那麼在獲得自信後，如何成功地追求到自己喜歡的人呢？那就是提高你的吸引力。根據進化心理學的理論，人會被基因裡的「生存」與「繁衍」的需求所驅使，愛情的最終目的就是為了讓你能找到繁衍的對象並與之發生關係，延續後代。

　　所謂愛情其實是被人的性慾與基因需求所驅使出來的一種兩性結合形式。當你被對方吸引時，其實是被對方的生存與繁衍的價值所吸引。例如，最典型的就是高富帥、白富美。富展現生存價值，高、帥、白、美展現健康、基因好，利於繁衍出更優秀的後代。這也就是為什麼這兩種典型會異常受歡迎的原因。

　　吸引力的本質就是生存價值與繁衍價值在潛在地發揮作用。雖然高富帥、白富美贏在起跑線上，但不代表你不能靠自我提升來追趕他們，不然也就不會出現這麼多普通人的逆襲了。不過，男人和女人的情感進展模式是有一定區別的，你了解了這個特性才能更好地把握吸引的節奏，才能知道什麼環節該做什麼事，避免引起本能反感。男人總是想與剛認識或互相有好感的異性馬上確定關係，這是男人的直線思維。而女人要真正喜歡上一個男人，則需要的時間要長一些，因為女人是透過行為模式來了解男人的。如果男人不了

解這個原理，很容易在未能讓女人了解你和產生安全感時，就直接跳過循序漸進相互認識的過程，就想確定關係，最終引起了女人的反感，使女人產生了戒心。

典型的例子，女人一般在同意和男人成為男女朋友或發生關係之前，都會要求對方給出理由，或做出承諾，「你到底喜歡我哪一點？」、「你是不是真的愛我？」、「和我在一起後，不能再和別的女人有關係，曖昧也不行。」「以後只准愛我一個人。」等等，如果你的態度一旦出現猶豫，或是給出「不正確」的答案，那你很有可能就會失去機會。

吸引力的形式主要分為硬價值和軟價值。

硬價值最顯而易見，外貌、身高、體型、收入、家庭環境，這些特質是最容易展現給他人看的，同時也很難短時間改變。高、富、帥、白、美都屬於硬價值。

所以，如果你是一個普通人，想要改變自己的硬價值，簡單來說就從以下兩方面下手，最快見效。

1. 外形。好好打扮自己，正所謂三分長相，七分打扮。健康得體的形象肯定比不修邊幅更有競爭力。

2. 事業。如果你不是創業，那就好好做你的工作。如果你現在處於迷茫狀態，就找職業規劃師或生涯規劃師去諮商，以便找到適合自己成長的職場路徑。

如果這個世界只看硬價值，那資源相對缺乏的人就沒有

機會了。還好這不是事實。基因進化讓人還同時具備了另一種價值 —— 軟價值，擁有這樣的特質，就讓你有了改變命運的可能性。這也就是為什麼總有一般人逆襲成功、富 N 代卻走向沒落的情況出現，上天還是有公平的一面的。

軟價值其實也預示了你的生存與繁衍價值的高低，只是表現形式與硬價值不一樣。軟價值不像硬價值這麼明顯，不太容易直接顯現，它透過「潛在溝通」的交流方式來進行傳遞。

「潛在溝通」就是人在溝通時傳遞出來的資訊，其中語言只占 7%，剩下的 93% 是肢體表現、眼神、語氣、情緒、氣場等。女人由於基因的進化，她們對男人的言行其實都很敏感，這也就是所謂的第六感直覺很準的原因。

女人觀察男人自信與否，不是看對方說自己如何如何厲害，而是看他的潛在交流資訊真正自信的人不需要過分吹噓自己，自吹自擂只會讓人生疑。如果男人在面對女人時能輕鬆自如地侃侃而談，不迎合對方，有自己的價值判斷，懂得傳遞情緒價值，如幽默感等，反而會激發起女人的興趣。誰對誰的反應多一些，誰試圖希望得到對方的認可，這些都是自降身價的行為，都容易失去吸引力。反之亦然，如果你是女生，高價值的男生也很懂得識別這些訊息。

我就認識一個家庭環境、自身條件還不錯的男性朋友，

在認識了一個女生後，發現對方對自己態度也不錯，就開始主動發動攻勢，希望透過送貴重禮物（送跑車）快速確定兩人的關係，而且互動過程中採取了低姿態的討好的方式，這反而引起了女生的反抗心理，女生越拒絕，男生就越急於想得到，結果使本來的兩情相悅變成了尷尬的物質交換。

什麼是軟價值？任何能傳遞出你是一個具備潛在高生存、繁衍價值的特質行為都是軟價值。這些特質甚至可以彌補一些先天的不足，例如身高、外形等。我們經常會發現身邊不高、不帥也不富的男生，卻有很漂亮的女朋友。自信、堅強、果敢、幽默感、溝通能力、社交能力、高情商等，這些雖然不像硬價值那麼簡單粗暴直接，但卻潤物細無聲，擁有這樣特質的人往往會有這樣的表現：即使在逆境中，或落後於人的情況下，也能奮起直追，也就是所謂的潛力股。反之，你既沒有好的硬價值，軟價值也不行，那自然會被異性本能地忽略掉。其中自信是軟價值的綜合展現，是一種能量氣場，一個不自信的人很容易會讓人感覺是個懦弱沒用的傢夥。

在人的生活經驗中，缺乏自信的人在面對困難時容易放棄，無法堅持到底，容易產生負面情緒，同時還會影響其他人。這也就是為什麼在我的電子書和相關文章裡非常強調提升自信的原因。硬價值的改變需要時間累積和機會的降臨，

需要耐心等待，而軟價值則可以透過相對快的學習來獲得提升。當你具備了以上價值後，卻不願意輸出價值，或雖然你是高富帥、白富美，但你卻喜歡占便宜，並且性格暴躁，不時會傳遞出負面情緒，那這些吸引力是會打折扣的。你透過硬價值的展示與軟價值的潛溝通傳遞，讓人感覺你是一個具備價值特質的人，如果你同時能表現出你願意傳遞價值，那麼你會更加魅力無窮。

我認識的一個白手起家的朋友，員工 2,300 人，資產過千萬，雖然很有錢，待人接物卻非常謙和，而且樂於助人，給人的感覺是懂得做人，非常願意給別人提供價值，所以他在朋友圈的口碑非常好。你可能會說，如果我有錢，我當然也願意給別人提供價值，但問題是我現在沒錢怎麼提供？你這是把價值提供狹隘地只看成了錢。對別人雪中送炭的關心，也是一種價值，例如，在女生生病的時候，你不是只像一般人那樣在 Line 裡發一句「多喝水」，而是能主動給對方買藥，你的這種有實際行動的關心價值，馬上就會使你鶴立雞群。

有一次，我一個女性朋友在社群發了一條「生病了，非常難受，誰能幫買個藥？」，沒多久就看到我另一個男性朋友回覆評論說「我馬上就到」。他們之前都認識一段時間了，事後沒多久，我就看到他們已經在社群上發秀恩愛的照片了。

　　情緒價值也是軟價值中值得大家學習的，所謂情緒價值，就是你能給對方帶來精神上的愉悅，你很有幽默感，你很懂音樂，唱歌很厲害，你很擅長給對方做思想工作，這些都能讓對方的大腦產生多巴胺，而這種愉悅感往往和戀愛中的感覺是很類似的，容易讓對方覺得自己墜入了情網。

　　總之，硬價值與軟價值同時具備，又有樂於傳遞你的價值的意願或行為，你就是一個超級有吸引力的人。

　　如果你暫時不具備很強的硬價值，你也可以透過軟價值和價值給予行為來展現你是一個有潛力的人，這樣的人也是非常有吸引力的。所以，只要你努力提高自身硬價值、軟價值，並樂於進行價值給予，你也會變成一個極具吸引力的人。

第二節
利用下班後的黃金 8 小時找到愛情

　　很多內向的上班族經常向我抱怨，說自己工作穩定後，生活圈子也很固定，缺乏異性資源找男女朋友，再加上自己平常不擅長溝通，又不喜歡參加社交活動，而網路交友感覺又不可靠，到底該怎麼解決自己的戀愛問題呢？這些朋友抱怨的內容主要是時間不夠，還有缺乏能力和方法。我在這裡給這些內向者一個解決的思路。

　　我們每天的時間被工作、睡覺、其他，劃抽成了三大塊。大致都是8個小時，除了工作睡覺外，剩下的8小時裡，上下班通勤需要 1 ～ 3 小時，吃飯上廁所發呆需要 1 ～ 3 小時，那剩下的最少還有2～6小時，如何好好利用這段時間，將會決定戀愛生活的走向（見圖5-1）。

圖 5-1 一天 24 小時分配

　　具體操作有三項：拓展社交圈；篩選異性；吸引對方。

　　需要先拓展你的人際關係範圍，增加潛在可交往的異性資源，並透過吸引對方來最終實現自己的戀愛目標。

　　這和做銷售很類似，都需要先透過大量接觸不同客戶，然後透過不斷收網過濾，最後篩選出符合你需求的目標。具體方法如下。

1. 拓展社交圈

　　在前面的章節裡提到了拓展社交圈的內容，這裡要找男女朋友，其實也很類似，也需要透過拓展社交圈來增加認識異性的數量和機會。

　　但這裡為了便於理解做了精簡，你要想快速找到男女朋

友，需要重點從常規社交的五個圈入手：同學圈、同事圈、
朋友圈、親戚圈、興趣愛好圈（見圖 5-2）。

圖 5-2 常規社交圈

同學圈、同事圈、朋友圈、親戚圈，是絕大部分人都固
定的社會人際關係網。

這每一個圈子裡，肯定都有和你關係好的人，同時他們
各自也擁有同學圈、同事圈、朋友圈、親戚圈這四個圈。

假設你每個圈子至少有一個關係不錯的人脈，這四個人
每個人都在各個圈子裡給你介紹 1 個可靠的異性，那理想狀
態下，透過他們的關係網，就有了 16 個潛在可交往異性資
源。打打折，那也有四分之一，就是四個人。

在這個基礎上你基本上不用擔心會缺乏異性資源了，然

後透過他們的介紹，一起出來吃飯娛樂進一步增加認識，比直接正式相親的方式會更自然靈活，降低了因為陌生而產生的尷尬與拘謹。

興趣愛好圈需要單獨拿出來說一下。這個圈子需要你自己去拓展，每個人都有自己的興趣愛好。比如，我喜歡桌遊、讀書、旅行、戲劇、攝影等。我相信你總有喜歡的東西，興趣愛好帶有社交屬性，而且最好是進行線下聚會，面對面地進行交流與了解。

有共同興趣的人群自然就容易有可交流的共同話題，那你們不用擔心無話可說，也不用擔心兩個人因沒有共同的事情可以做而顯得無聊，可以透過做共同感興趣的事情來增進了解。

2. 有了資源，如何篩選

一定要有篩選過濾思維，如果你只看重對方某些單方面的優點，而忽略了以後相處後更重要的問題，那很有可能會遇到不合適的人，從而浪費時間與感情。

比如，你認識的女生很漂亮，也願意和你相處，但是時間一久發現對方很容易情緒化，經常為一點小事大吵大鬧，無法透過理性溝通的方式解決問題，你也因此容易在情緒上受到影響，生活工作都不安心。

再比如，你透過前面的社交圈，每個圈都認識了一個異

性,那你就設定標準進行橫向對比,這樣才能找到真正適合自己的。

篩選標準一般分為兩大類。首先是物質硬條件類的,如身高、樣貌、工作、收入、家庭背景,是否有車有房等,雖然這顯得很勢利很物質,但也的確是事實,如果你真的看重,那就要弄清楚,如果不看重,那就根據情況來進行調整。

另一個標準,即內在性格,比如,你喜歡性格溫和還是性格強勢,是喜歡有幽默感,還是喜歡酷酷的,性格行事是否極端、是否能包容人、是否情商高、是否不會很小氣、是否擔當、是否懂得照顧人等。

你可以把它寫下來,甚至可以畫一個表格,對每個人打分,也可以設定一個額外選項,就是感覺類,即使硬性條件沒有這麼好,但相處起來就是很開心,就是能讓你快樂,那這個肯定也是個決定性的因素。最終,你需要一個綜合性的評定,來篩選出你覺得還不錯的人選。

網上流行過兩個韓國的影片,分別是一男對四十個女生、一女對四十個男生。他們分別圍坐一圈,兩個男女主角每隔一段時間就發出一個交友標準,就會過濾掉一部分人,經過幾輪的過濾之後只剩下一個人選,而這個人選給男女主角的感覺是並不真正完全滿意。

從這個有趣的社會實驗中我們可以獲知，人是不可能完美的，你既需要設立標準進行篩選，但又不能太理想化，太過於理想和死標準，那很有可能會讓你走極端，最後反而還是找不到異性朋友談戀愛。

3. 篩選後如何吸引對方

篩選出合適人選後，就需要進入第三步，即讓對方也喜歡上你。

要想掌握戀愛主動權，找到自己的愛情，無論男女都不是靠「追」對方來實現目標的，而是靠「吸引」。

「吸引」是什麼？就是透過在對方面前不過分刻意地展示前面提到的兩大篩選標準裡的價值，來獲得對方的關注。這些標準既可以用來篩選別人，也可以用來武裝自己，讓自己充滿魅力，因為你在篩選別人時，別人也在篩選你。雙方都會透過觀察、溝通交流來了解對方是一個什麼樣的人，外在內在都會去看。

所以，你拿這些標準來檢視自己，提升自己，雖然我們沒法做到樣樣都出眾，但幾個核心點還是需要提高的，比如外在形象不能邋遢，以積極展示美好的一面。同時也要提高自己的自信、溝通、價值提供、情商等方面的軟價值，讓自己顯得很有親和力。而如果你是個比較內向的人，不擅長社交表達，那自然無法展示自身優點，也沒法讓對方更容易

喜歡上你，所以你更需要透過本書來幫助你改變內向者的劣勢，讓自己能變得在需要表現的時候就能自然大膽地展示自己，而不是臨陣退縮。

總之，就是讓自己由內而外都非常優秀，如果你很胖那就減肥，如果你不擅長溝通，就學習如何提高聊天的能力。希望你能透過積極拓展自己的社交圈來增加認識可交往的異性數量，用篩選機制找到更適合自己的人，並透過提升自身的吸引力來讓你們能最終走到一起。

第三節
如何委婉知道對方是否單身，是否喜歡自己

　　很多內向的朋友除了在職場上比較吃虧外，在戀愛方面也很被動。不擅長溝通的內向者社交能力不足，經驗缺乏，異性朋友數量屈指可數，所以真正碰到自己喜歡的人時，就會遇到「如何知道對方是否單身？對方是否喜歡自己？」這兩個最棘手的問題。

　　每每面對這樣的提問，我都能腦補出一個內向、害羞、內心萌動的少年形象。你想知道這個溝通技巧，說明你並不敢直接問，害怕問了後得到非預期的結果會受傷，或是對方給出否定答案讓你直接沒機會。而你又是個含蓄的人，覺得應該委婉點，而且還可以有迴旋的餘地。

■ 一、委婉知道對方是否單身的方法

1. 旁敲側擊間接問

　　想要委婉知道答案，就要旁敲側擊試探性地詢問。就是問一下和你內心想的事情看似不相干，實質上卻有緊密連繫的事情。

在閒聊過程中，可以問對方：休閒時間都做什麼？有什麼興趣愛好？和朋友都去玩什麼？對方的回答中，就會穿插顯示她的時間都用到哪裡了，如果她不是單身，自然會提到和男女朋友相處做的事情，如果是單身，自然就是獨處的時間，或朋友同事相處的時間做點什麼。比如，你可以問：「平常週末我很喜歡和一群朋友去看最新上映的電影，然後找一家熱門餐廳，最後再一起玩玩桌遊，感覺一整天都很開心，你呢，你週末都做點什麼，也會和朋友出去玩嗎？」只要對方不是內向、不善言辭，又不討厭你，都會樂於與你分享。你從中就可以知道你想要的訊息了。

2. 旁敲側擊直接問

都直接問了，還算是旁敲側擊？別急，其實就是找個能帶出對方的男女朋友話題的問題。你這個問題並非是問對方是否單身，但對方的回答會告訴你其是否單身。比如，你可以說：「小麗，這麼晚了，還不下班呀？是不是等男朋友過來接你呀？」再比如，你可以說：「你是什麼星座呀？」對方回答 ×× 星座，你就說幾句關於這個星座的內容，再接著問：「你女朋友是什麼星座呀？我幫你看看你們合不合。」怎麼樣，是不是很機智？

3. 誇張搞笑調侃對方，引出真實答案

在和對方聊一會兒天後，可以直接用輕鬆調侃的語調說：「看你這麼成熟穩重，這麼賢惠，我感覺你應該已經結婚很久了，而且小孩都會打醬油了吧……」

對方多半也會被你這種誇張的說法給弄得哭笑不得，多半會解釋說：「我哪裡像是結婚生了孩子的人？我還是單身呢。」如果對方沒說自己單身，你就繼續開玩笑說：「這麼賢惠，還單身，太可惜了，要不要給你介紹幾個呀。」以上就是獲知對方是否單身的含蓄技巧，你得到答案後，接下來就可以進一步探知對方是否喜歡自己。

這裡先講個小故事。

我年輕時，懵懂，內向，電腦宅，不善言辭，沒什麼戀愛經驗。那時還處在網路早期，網路聊天邂逅了一個女孩，因緣際會找了個我現在已經完全忘記的理由，邀約見面。

見過兩三次，我萌生好感，但隨之而來的就是胡思亂想：她有沒有男朋友呢？她對我有沒有意思呀？該怎麼往下一步發展？怎麼發展成女朋友呢？萬一她有男朋友怎麼辦？萬一她拒絕我怎麼辦？

總之，我當時就是一個完全不懂女孩心思的宅男，完全看不出對方是什麼態度。

而且這些問題會反覆想，越想越恐懼，越想越不知所

措，問了身邊的朋友，得到的答案是：豁出去表白，總比什麼也不做強。

結果，由於太自卑以及拖延，最後還是不了了之，漸漸斷了連繫。

第二個小故事。

之後又陸陸續續接觸了很多女生，要麼不喜歡，要麼搞不定，要麼陰錯陽差，自己搞砸了。我相信大部分朋友年輕時也差不多，誰的青春不迷茫。雖然失敗居多，卻讓我累積了一些小經驗，知道了什麼事該做，什麼事不該做。就像小時候看的林志穎的《旋風小子》，他師傅什麼武功都沒教，就讓他挑水劈柴，也竟然練就了一身基本功。戀愛也需要練習，戀愛＝練愛。

多年以後，我回想起我和她的相遇。那年我 23 歲，她18 歲。我看到她第一眼就有感覺。當時她需要 PS 照片，剛好我略懂，一來二去慢慢熟悉，我既沒有胡思亂想，也沒有任何糾結徘徊。後來某天，當時她參加的一個比賽落選了，她神情失落，而我就在身邊，我們並肩走在午後灑滿陽光的小路上，我知道她此時需要慰藉，很自然地就伸出左手牽住了她的右手，兩人相視而笑。再後來，我偶遇第一個故事的女主，發現她身邊帶了個猥瑣的男生，她介紹說是剛在一起的男朋友。一瞬間我似乎懂了什麼。

　　經過多次戀愛經歷，我發現了一個道理。抓破腦袋去想「我喜歡的人，是不是也喜歡自己」這個問題其實意義並不大，甚至是自尋煩惱。當你產生這一想法的時候，你已經輸了。你這樣想，已經在潛意識裡，認為自己配不上對方，認為對方價值比自己高，你就開始千方百計地想怎麼才配得上對方，怎麼做怎麼討好才能讓對方喜歡自己。這些方法和行為會產生反效果。當你心態處於被動時，你的言行舉止都會透過潛在交流，暴露出你是很沒自信的傢夥，不夠男人，沒有讓女生產生被征服的慾望，女生的第六感直覺一般都很準，即使你沒說，她也能感覺得到，時間一長，就會厭惡反感，直至遠離你。

　　我們再換個角度思考，真的需要知道自己喜歡的人是否也喜歡自己嗎？就像我第二個故事裡說的，當你處於放鬆的狀態，你真誠地表達自己，從實際、心理上都能給予對方價值。對方只要不討厭你，她會慢慢感受到你的吸引力與優點，她也有交往男友的需求，同時沒有太強的競爭對手，或根本就沒有第二人選的時候，那你離成功已經很近很近。所以，這個問題其實是個偽命題。當你真正提升自己的價值，學習戀愛方法，拓展社交圈，累積和異性交往的經驗，累積到一定程度，你會形成一種本能反應。這個本能條件反射會告訴你，什麼情況下做什麼事情，什麼情況下直接透過牽手來測試對方的態度。

■ 二、了解對方對你什麼感覺的方法

1. 觀察法

1. 觀察社交動態。雖然朋友圈不是完全的人格展示，但至少展現出了一部分人的特性，值得參考，例如她喜歡什麼，討厭什麼，都是很容易看得出的。

2. 觀察言行，觀察對方對你的反應。對方對你有興趣，都會在談話中，有意無意地透露出一些訊息，例如，是否會主動找你，是否對你的話題反應熱烈，是否會主動跟你有眼神、肢體上的交流。觀察法涉及兩個方面，一是對社交和人際的敏感度，二是社交經驗的累積。

2. 試探法

1. 聊天試探，聊男女朋友話題，聊雙方情史，聊身邊朋友戀愛情況。而大殺器就是，介紹男／女朋友給對方，有經驗的朋友，尤其是女生常用，透過介紹女朋友，來試探對方是否單身，是否有中意的人，是否會接這個話題和你調侃，等等。

2. 找朋友幫試探。有兩個注意事項，一是你聊天的功力不給力，是試不出來的；二是得到結果後能否面不改色，知道了不是自己想要的答案，你能承受得住嗎？

3. 單刀直入法

面對自己喜歡的人，勇於大膽說出口，才是真正敢愛敢恨的人，能做到敢愛敢恨的前提是：你不在意結果。主動要承擔風險，害怕問了得不到自己想要的結果，喜歡的人就此離開，會擔心，這是很多人不敢主動的重要原因。

最後總結，談戀愛就像做銷售，你不能指望接觸的客戶都能 100% 成交，肯定有失敗，也會有成功。即使你暫時欠缺方法經驗，面對喜歡的人依然無法收放自然，應對自如，不要緊，人總會在失敗中獲得成長，在成功中獲得信心。

第四節
如何介紹自己的男女朋友而不招黑

如何優雅地給朋友們介紹自己的男女朋友呢？

第一，要想避免周圍朋友對你的新男女朋友不待見，你自己心裡要有個數：對方和你到底適不適合。

愛情這種事情，當然自己喜歡是第一位的。但如果你身邊的朋友都有微詞，甚至反對，那你就需要反思一下：是不是自己被愛情矇蔽了雙眼，看不到對方身上很明顯的缺點。

你身邊的朋友或許看到了對方的問題，都為你著急，但又礙於情面，不便於直白地告訴你：他並不適合你，他就是個渣男，他人品有問題，他說話方式很令人討厭，等等。

所以朋友們只能是有意無意地暗示你，或者給對方沒好臉色，漸漸你也感到好像氣氛很不對勁。愛情誠可貴，朋友價更高，如果你還沒想明白對方是否合適，就草率在一起，你的朋友們可能就會漸漸疏遠你了。優雅介紹你男女朋友的第一原則，是先好好想想這個是否是你最好的選擇。

第二，還有一種不受朋友們待見的原因就是 —— 嫉妒。很有可能，你的這個新男女朋友正是你的朋友們喜歡的，只

不過被你先得了手。出於嫉妒心理，你就成了他們的眼中
釘、肉中刺。

當然，有些人嫉妒心強，有些人就一般，如果公開你
們男女朋友關係不可避免，那如何降低周圍朋友圈的嫉妒
心呢？

優雅介紹你男女朋友的第二原則：選擇一個合適的時
機，循序漸進地公開你們的關係。就是不要太突然，本來前
一天其他人還覺得有機會，你第二天就宣布對方是你男女朋
友了，這對他們來說，就是晴天霹靂，想再爭取一下，都來
不及了。循序漸進，其實就是溫水煮青蛙，讓其他潛在競爭
對手慢慢看到你們的曖昧，但他們想嘗試，卻又無能為力。
比如，你們經常出雙入對，一起吃飯，別人也看到了，但你
們又沒有過分的親密接觸。他們又沒有單獨和對方接觸的機
會，久而久之，他們覺得自己沒戲了，就可能選擇其他機
會了。

第三，在第二點的基礎上，為了讓身邊的朋友們不會不
待見你們，需要進一步做一些輔助措施，這是展現你們高情
商的時候。

就一個核心原則：和對方做好哥們兒，當你們成為關係
不錯的朋友時，他們就更加不好意思對你的男女朋友下手
了。和對方搞好關係，最簡單的方法就是在和他們吃喝玩樂

的時候，你多主動買單，吃人嘴短，拿人手軟，讓他們產生愧疚心理，當然如果有厚臉皮，吃了也要和你搶的，就請隔離和忽略，因為這種人沒辦法。並且有機會就幫忙，限於任何對你來說不用付出多大代價，也不用花什麼錢，就能給對方解決的一些小問題，這有助於讓對方提高對你的好感度，比如幫拿外送、快遞，社群上按讚等。

再補充一點，如果你介紹的男女朋友是你朋友圈裡大家都不認識的，那如何優雅呢？

巧賣關子，激發你朋友們的八卦欲望。在朋友們吃喝玩樂的時候，時不時地暗示自己最近喜歡上了一個人。對於一般人來說，這會引起他們的好奇心，尤其是女生。然後，他們就會一步步地向你追問，你可以各種誇、各種描繪對方如何如何好。但建議，不要一次性就說完，可以慢慢地一點點和他們說，吊足他們的胃口，就像懸疑連續劇。然後朋友們就會聽出點什麼來，就會問：「這個人是不是也已經喜歡你了啊？」你這時就可以優雅地說：「對啊，我已經和他告白了，找個機會大家出來吃飯，介紹給大家認識。」

所以，總結下來，雖然以上方法不一定真的很優雅，但肯定很實用，說白了，要想讓對方接受你的宣示，無非就是讓對方認可你這個人或你的男女朋友，無他，都是人性使然，讓別人舒服，你也舒服。

　　不管怎樣，相愛是件幸福的事情，就算得不到別人的祝福，只要你們對彼此是真心的，就值得為此感到幸福。有時我們也要學會不去在乎別人的眼光，畢竟，我們不可能滿足所有人，我們能夠滿足自己和自己心愛的人就已經是很不容易的事情了。

第五節
異地戀如何維繫，對方最需要你時如何安撫

有粉絲在 Line 官方帳號後臺問：自己與男友聚少離多，雖然現在網路通訊很方便，但兩人長久無法面對面相處，沒法約會，沒法感受一起生活帶來的幸福感，時間一長，就容易出現各種問題。

她想知道，異地戀只能遠端連繫嗎？如何維繫關係才不會導致最後遺憾分手呢？同時，對方最需要你的時候你不在，如何安撫？

一、異地戀情感維繫問題

1. 異地戀無法迴避的現實問題

1. 感情會隨著時間慢慢變淡，你們的話題開始變少，甚至可聊的話題都已經聊完了。

2. 缺乏伴侶陪伴而產生落寞感。雖然 Line 連繫非常方便，還可以影片通話，但始終不及面對面的接觸來的真實與有溫度。有時，情侶一起手拉手漫步街頭，一個深情的擁抱、一個輕輕的吻，勝過千言萬語。

3. 你無法及時了解對方的情感生活變化，如果你的伴侶是個蠻優秀的人，自然少不了追求者，由於你不在身旁，就可能給了他人可乘之機。尤其是在對方各方麵條件要比你更優秀的情況下，這種潛在的威脅你無法控制。

以上都是會導致你最後痛失對方的重要原因，你要以此為戒，避免以後再犯低階錯誤。

2. 異地戀維繫關係的方法

（1）共築未來美好目標。異地戀一旦產生，肯定會遇到各種困難險阻，如果你們都想未來還能繼續在一起，就需要先一起討論和商定一個可實現的目標。

首先，需要確定你們要兩地分隔多長時間，這個時間你們雙方是否可以忍耐與接受。比如，兩人因為讀書原因，至少需要分隔三四年；或是臨時性派駐到外地工作，大概兩年。知道了分開的時間期限，你們內心才會有底，才不會感覺你們的再聚首遙遙無期。

其次，有了期限，就需要商討未來你們的期望了。比如，你說：「等我們都畢業了，可以選定一個城市一起找工作，一起安定下來。」或者，你可以說：「我做這個專案需要兩年時間，我希望透過這次努力多賺些錢，能在工作結束後回到你身邊，到那時我們就結婚好嗎？」

從人性的角度來看，如果你的生活有一個可實現的目標 —— 一個讓你感到幸福的目標，你就會激勵自己朝那個方向努力，就是有了希望；反之，如果你們沒有關於未來的計畫，就會變成無頭蒼蠅，容易失去人生的方向，陷入迷茫。

（2）一定要信任彼此。心與心的距離與人與人的物理距離成反比。如果你們在內心不是 100% 相信對方，那你們就容易產生裂痕，就容易懷疑對方。無端的猜忌、鬧情緒，會侵蝕兩人的甜蜜與和諧。雖然吵架後可以挽回，但就像一個摔碎的瓷碗，即使再怎麼修補，都會留下裂痕，甚至會成為你們下一次爭吵拿來互相指責的藉口。

想讓對方信任你，你首先要無條件信任對方，也就是所謂的真心換真心。你一旦觸達對方內心深處的情感點，對方被感動了，自然就會增加對你的信任度。這就像兩個一起出生入死過的兄弟，他們互相一起見證了在各種困難後靠自己的努力一起活下來的奇蹟，這種情誼是難以被摧毀的。比如，你如果知曉對方有一個非常大的麻煩，不知道如何解決，雖然你不在身邊，但你想盡一切辦法、發展一切人脈去解決。最終無論是否辦成了，對方都會看到你的用心付出。

（3）保持順暢溝通。見不到面，牽不到手，無法擁抱，那就用其他方式來替代。除了用日常的語音訊息、影片聯絡外，訊息最好能做到及時回覆，避免對方多想。保持見面頻

率，比如，有條件就一個月見一次，不行就三個月一次，或一年能有三次。如果不能保持見面頻率，就需要用其他方式來補充，重要的日子送禮物送問話自然少不了。最重要的有三個：對方生日、情人節、你們的紀念日。

但我覺得，除了以上常規溝通連繫外，最好能精心策劃一些驚喜，可以是突然出現在對方面前，也可以是能滿足對方的某些小慾望，比如，晚上你們用微信聊天，對方突然隨口一說很想吃哈根達斯（也可以是其他不是那麼難實現的東西），聊完後，馬上想辦法查詢對方城市是否可以解決這個問題。總之就是那些實現起來不是非常難，但也要費點勁才能實現的事情，如果你做了，肯定會比沒做過能帶給對方更多驚喜感。這種方法可以作為偶爾為之的情感驚喜新增劑。

▌二、對方最需要你時如何安撫

對方最需要你時你不在，很容易讓對方產生極度的不安全感，尤其是女生，媽寶男也會。而這種不安全感多來自於基因。

進化心理學提到，從基因傳遞的本能角度出發，男性會下意識希望同多位女性發生關係並繁衍後代，以延續自己的基因；而女性一旦懷孕，則一年內只能生育和照顧孩子，如果女性碰到了不可靠的男人，則要獨自承擔撫養後代的壓力，此外還會受到社會輿論的壓力。雙方需要承擔的後果的

成本差別非常大。

　　雖然時代已經變遷到文明社會，但這種生存與繁衍的本能依然刻印在我們的身體裡，並潛移默化地影響著我們的行為。

　　女性為了避免自己陷入被動，也進化出了一種直覺與敏感的本能。一旦她的伴侶有任何讓她感到不安的行為，都會激發她這種潛在的自我保護機制，進入應激狀態。就像大樓裡響起了消防警報，無論是否真的起火，人們出於安全考量，都會盡快離開這個潛在的危險地。

　　自己最需要對方的時候，多半是在生病、受到打擊，或面臨其他一些潛在危險的時候，造成了她當時的情緒不穩定，擔心受怕。那身為伴侶的你，除了她的父母，就是最值得依靠的人，也是可能要伴隨一生的人，如果你此時不能及時給對方安撫，就會更加激發出她基因裡害怕被拋棄的恐懼心理，就會讓她感到你可能不可靠，在關鍵時刻不能「保護」她，這次只是小問題，一旦真的發生危險了可怎麼辦？

　　如果你多次出現這種最需要你的時候你不在的情況，那你以後就真的不用在了。

　　所以，如果你實在是客觀原因，沒法趕到對方身邊安慰照顧對方，那就需要進行心理安慰，以消除對方的不安全感。

1. 即時響應，積極安撫

對方非常需要你的時候，一般來說，對方知道你有原因走不開，比如你也在生病、加班、在外地出差，異地戀更是如此，也不會強求你一定要馬上到現場，就會轉向對心理慰藉的需求。而如果這時你連在電話裡多和對方說幾句話，多安慰對方都不願意，對方自然看在眼裡，會感覺你不用心，對他並非是認真的。所以，你務必要即時響應對方，不能不接電話，不能回回訊息太慢。

積極安撫，關心對方病情，或弄明白對方關切的事情是什麼，前後因果都多問問，總之就是透過花時間溝通，讓對方明白，你即使不在身邊，也願意花時間陪他，這個聊天的過程就是最好的安撫。

2. 當日多次主動連繫，獲知最新情況

經過之前的安撫後，你還需要後續跟進，來進一步穩固情緒，讓對方感到你的關心是足夠的。假設對方生病了，或是有某些重大的事情在處理中，你們早上透過了電話，那你中午、下午、晚飯、臨睡前，都可以多次打電話或發微信來了解對方的情況變化，並且要很關切，而不是敷衍了事地隨便說幾句。就像愛子如命的父母，在得知孩子在外地讀書生病了時，就會多次關切地連繫以了解情況。

3. 事後補救不能少

電話裡的千言萬語，都不及一個親密的擁抱。你結束事情後，或是有機會就盡快第一時間回到她的身邊，最好能帶上個小禮物，寒暄自不必少。

為了進一步安撫她脆弱的安全感，可以帶她去逛街購物，用一些物質上的滿足來填補她心理上的缺憾。所以，總結下來，要想使異地戀長久，你需要了解和正視無法迴避的現實問題，同時採取積極的情感溝通手段，保持感情的溫度，只有這樣你們才不會遺憾分手。

不要到了你被分手的時候，才傻傻地問：「我到底做錯了什麼，我改還不行嗎？」永遠不要用事後「對不起」來彌補你的不用心，她對你的無數次期待已經歸零。你在對方身上多用心，對方就會對你多用情。讓她覺得，你在她最需要的時候，雖然人不在身邊，但你的心在，就夠了。

解決兩性情感矛盾，不要只是指責對方的錯誤，一個心智成熟的人面對問題時，會理性分析、思考與反省，尋找解決矛盾的方法，看再多的情感雞湯，也只是情緒發洩，感動的只有自己，下次再遇到類似或其他情感問題，你依然會無所適從。

附錄　實踐案例：學員心得分享

以下是幾個男生學員的心得分享。

小D

學習前：

我面對異性（包括一些高價值的同性）的時候，總是會感覺一種莫名的緊張，我甚至不知道這種緊張感是從哪裡來的。就算別人對我示好，我也會不斷地慌張，都不知道該跟別人怎麼說話，連一些基本的禮貌用語都會說得語無倫次的。

學習後：

我發現這是我自己的分別心在作祟，總是感覺別人的價值比我高，我就矮人一等，這種心態導致我緊張。在我學習課程的幾個月裡，不斷地從課程裡領悟出一些自己應該有的心態和一些做事情的方法，當我再次面對異性時，我會覺得：你有你的驕傲，我有我的榮耀，我們都是在同一條水平線上的，我不會覺得你的價值就比我高，如果我跟你單純、友好、真誠地說話，你卻連基本的禮貌都不懂，那這就不是我的溝通有問題了，而是你的教養和人品的問題。同時我也知道了，只有科學、系統、組織性地進行學習，才能最快、最有效地把知識變為力量！

這是一種潤物細無聲的力量，我甚至不知道自己是從什麼時候開始產生的這種感覺，這種力量一直引導著我去說出一些有感情、有感覺的話語！

小B

學習前：

遇到陌生人，特別是女生的時候就不敢上前搭訕，不敢多說話。後來根據課程作業實踐，努力去搭訕，去參加社交活動，鼓起勇氣去說去訓練。

學習後：

現在可以一個人大方地出入各種社交場合，並且不會覺得害羞自卑。一開始在看到女生後還是會慫，後來就看影片課程，看電子書給自己打氣，鼓勵自己。有一次我終於鼓起勇氣和陌生女生說話，第一次開口之後，起初有些緊張，但還是堅持有一搭沒一搭地聊，聊完之後心裡終於感覺到了輕鬆，回想剛才的過程，突然內心覺得滿足，很爽，其實自己也能和美女搭訕。

網路上的資料浩如煙海，很多朋友沒有能力甄別找到的知識的正確性或完整性。如能找到好導師，得高人指點迷津，會比自己慢慢摸索鑽研進步更快。網路資料存在各種不確定性因素，進行分辨與試錯會耗費你大量的時間與精力，

如你的自學一直沒有獲得改變與進步，耐心會慢慢消磨殆盡。迎刃老師的課程幫助我減少了大量鑽研試錯的時間與成本，讓我 3 個月就產生了改變，半年達到了蛻變。

大 T，英國帝國理工博士

學習前：

和曖昧對象在一起沒有什麼話可以說，很尷尬，或者總是故意找話題，最後聊得也是不好，處於搞砸的邊緣。

學習後：

學習完自信戀愛課程，並和老師深入交流後，能更好地表達自己，最後在自信的交往中，我們在一起了，但這只是第一步。後來在一起的過程中還遇到了很多問題，如個性，鬧脾氣，這些就需要使用其他的交往方式去應對了。

大 A

學習前：

（1）身體能量水準不高，作息不夠規律。

（2）與同齡異性說話會有不自然的感覺，有點緊張。

（3）最重要的是，不具備核心自信的概念。

學習與實踐過程：

（1）學習迎刃老師的課程影片、書籍、文章，喚醒自己本來就有、但沉睡著的核心自信。

（2）從尊重自己開始，在積極主動與審視之後，主動結束了一段持續消耗我正能量的相親相處歲月。結束也是開始，是迎刃老師的智慧助了我一臂之力，他沒有給我什麼建議，但是修課與思考鍛鍊了我的心力，讓我得以及時下定決心。

（3）在一次自動自發的行動中，我無意間參加了朋友組織的社交活動並遇上了令自己心儀的女孩。是的，有了積極自發這個首要因素，技巧這些第二位的因素便常常可以自動歸位，在合適的時機就會發揮作用。

（4）迎刃老師的 VIP 答疑課程、微信討論、文章分享非常好，它們幫助我實時調整自己的心態，使我在追求愛與幸福的長跑中更有勇氣付出，更有勇氣出手。

（5）我想強調：如果女孩子對你沒有好感，任何技巧都只會事倍功半。比如，如果她不想讓你牽手，再多的技巧也不見得能讓你們的關係進入牽手階段。就像迎刃老師說的：「我的課程是讓喜歡你的人更喜歡你，讓有潛質愛你的人給你一個機會。」

我也想強調，技巧的基礎是對女孩子的尊重。沒有發自內心的尊重，在愛的名義下就只剩下慾望與空虛。在牽手之後，走得穩比走得快要重要得多。